U0896785

LIANGAN HUNYIN JIATING
XIANGGUAN FAGUI XUANBIAN

两岸婚姻家庭相关法规选编

（大陆部分）

海峡两岸婚姻家庭协会
海峡两岸婚姻家庭服务中心 编

中国社会出版社
国家一级出版社·全国百佳图书出版单位

图书在版编目(CIP)数据

两岸婚姻家庭相关法规选编. 大陆部分/海峡两岸婚姻家庭协会,海峡两岸婚姻家庭服务中心编. —北京:中国社会出版社,2015.9
ISBN 978-7-5087-5157-3

Ⅰ.①两… Ⅱ.①海…②海… Ⅲ.①婚姻法—汇编—中国 Ⅳ.①D923.909

中国版本图书馆 CIP 数据核字(2015)第 225571 号

书　　名:两岸婚姻家庭相关法规选编(大陆部分)
编　　者:海峡两岸婚姻家庭协会　海峡两岸婚姻家庭服务中心

出 版 人:浦善新
终 审 人:李　浩
责任编辑:黄　贞　　　　**责任校对**:曹丽婷

出版发行:中国社会出版社　　　　**邮政编码**:100032
通联方法:北京市西城区二龙路甲 33 号新龙大厦
电　　话:编辑部:(010)58124825
　　　　　邮购部:(010)58124848
　　　　　销售部:(010)58124845
　　　　　传　真:(010)58124856
网　　址:www. shcbs. com. cn
　　　　　shcbs. mca. gov. cn
经　　销:各地新华书店

中国社会出版社天猫旗舰店

印刷装订:中国电影出版社印刷厂
开　　本:170mm×240mm　　1/16
印　　张:13. 5
字　　数:200 千字
版　　次:2016 年 6 月第 1 版
印　　次:2016 年 6 月第 1 次印刷
定　　价:39. 00 元

中国社会出版社微信公众号

目　录

婚　姻

中华人民共和国婚姻法(2001.4.28) …………………………………… (1)
最高人民法院关于适用《中华人民共和国婚姻法》若干问题的解释(一)
(2001.12.24) ………………………………………………………… (9)
最高人民法院关于适用《中华人民共和国婚姻法》若干问题的解释(二)
(2003.12.26) ……………………………………………………… (14)
最高人民法院关于适用《中华人民共和国婚姻法》若干问题的解释(三)
(2011.7.4) ………………………………………………………… (19)
婚姻登记条例(2003.8.8) ……………………………………………… (23)
民政部关于贯彻执行《婚姻登记条例》若干问题的意见(2004.3.29) ………
………………………………………………………………………… (28)
民政部关于做好出具(无)婚姻登记记录证明服务工作的指导意见
(2012.6.18) ………………………………………………………… (33)
民政部关于进一步规范(无)婚姻登记记录证明相关工作的通知
(2015.8.27) ………………………………………………………… (37)
民政部关于印发《婚姻登记工作规范》的通知(2015.12.8) ………… (39)

收　养

中华人民共和国收养法(节录)(1998.11.4) ………………………… (56)
华侨以及居住在香港、澳门、台湾地区的中国公民办理收养登记的管辖以及
所需要出具的证件和证明材料的规定(1999.5.25) ………………… (59)

出入境、户籍

公安部关于台湾居民申请来大陆定居有关规定（2000.8.17.） ……… （61）

公安部关于大陆居民携在台所生子女返回大陆的有关手续（2003.12.8） ……………………………………………………………………………… （63）

流动人口就近办理赴台出入境证件的有关规定（2013.6.27） ………… （64）

公安部关于大陆居民自行在台定居后返回办理有关手续的规定（2013.9.5） ……………………………………………………………………………… （65）

中国公民往来台湾地区管理办法（2015.6.14） …………………… （66）

教　育

教育部　国务院台办　国务院港澳办　公安部关于印发《关于普通高等学校招收和培养香港特别行政区、澳门地区及台湾省学生的暂行规定》的通知（1999.4.2） ………………………………………………………… （73）

教育部　国家发展和改革委员会　财政部　国务院台湾事务办公室关于调整祖国大陆普通高校和科研院所招收台湾地区学生收费标准及有关政策问题的通知（2005.8.23.） ………………………………………… （78）

普通高等学校学生管理规定（节录）（2005.9.1） ………………… （80）

财政部　教育部关于印发《台湾学生奖学金管理暂行办法》的通知（2005.12.19） ……………………………………………………… （81）

教育部　国务院台湾事务办公室关于进一步做好台湾同胞子女在大陆中小学和幼儿园就读工作的若干意见（2008.1.30） ……………… （85）

教育部关于普通高等学校依据台湾地区大学入学考试学科能力测验成绩招收台湾高中毕业生的通知（2011.4.1） ………………………… （87）

教育部　财政部　人力资源社会保障部　国务院港澳事务办公室　国务院台湾事务办公室关于将在内地（大陆）就读的港澳台大学生纳入城镇居民基本医疗保险范围的通知（2013.10.10） …………………… （89）

计划生育

国家计划生育委员会印发《关于内地居民涉港生育问题的规定》的通知（1998.12.11）……（91）

社保、就业

劳动部　人事部　财政部　公安部　司法部　国家外汇管理局关于台胞台属赴台湾地区定居有关待遇等问题的规定（1989.12.20）……（93）
台湾香港澳门居民在内地就业管理规定（2005.6.14）……（96）
人事部　建设部　国务院台湾事务办公室关于允许台湾地区居民取得注册建筑师资格有关问题的通知（2006.12.4）……（100）
外交部　财政部　人事部　劳动和社会保障部关于出境定居离退休、退职人员办理健在证明有关问题的通知（2007.2.15）……（104）
人事部　国务院台湾事务办公室关于向台湾居民开放部分专业技术人员资格考试有关问题的通知（2007.5.30）……（106）
人事部　建设部关于台湾居民参加全国房地产估价师资格考试报名条件有关问题的通知（2007.8.9）……（108）
人力资源和社会保障部　国务院台湾事务办公室关于再向台湾居民开放部分专业技术人员资格考试有关问题的通知（2009.5.27）……（109）
国务院办公厅关于转发人力资源社会保障部　财政部城镇企业职工基本养老保险关系转移接续暂行办法的通知（2009.12.28）……（111）
中华人民共和国社会保险法（2010.10.28）……（115）
实施《中华人民共和国社会保险法》若干规定（2011.6.29）……（131）
国务院台湾事务办公室　国家工商行政管理总局　公安部　人力资源和社会保障部　商务部关于开放台湾居民申请设立个体工商户的通知（2011.12.27）……（137）
人社部办公厅关于出国（境）定居人员参加新型农村和城镇居民社会养老保险有关问题处理意见的函（2012.5.3）……（138）

人力资源社会保障部　财政部　国务院港澳事务办公室　国务院台湾事务办公室关于在内地高校学习的台港澳毕业生享受职业培训补贴政策的通知(2013.6.24) …………………………………………………… (140)
人力资源社会保障部　国务院台湾事务办公室关于继续向台湾居民开放部分专业技术人员资格考试有关问题的通知(2013.6.28) ………… (141)
人力资源社会保障部办公厅关于台湾香港澳门居民办理失业登记的通知(2013.11.22) ………………………………………………………… (143)
国务院关于建立统一的城乡居民基本养老保险制度的意见(2014.2.21) ……………………………………………………………………… (145)
关于扩大开放台湾居民在大陆申请设立个体工商户的通知(2015.12.15) ……………………………………………………………………… (151)

公　证

司法部关于印发《海峡两岸公证书使用查证协议实施办法》的通知(1993.5.11) ………………………………………………………… (155)
司法部关于增加寄送公证书副本种类事宜的通知(1994.12.17) …… (161)
司法部关于寄送"未受刑事处分证明"、"健康检查证明"公证书副本的批复(2003.6.15) ………………………………………………………… (162)

司　法

最高人民法院关于人民法院处理涉台民事案件的几个法律问题——最高人民法院负责人在最高人民法院举行的第一次新闻发布会上的讲话(1988.8.9) ……………………………………………………………… (163)
最高人民法院关于如何确定涉港澳台当事人公告送达期限和答辩、上诉期限的请示的复函(2001.8.7) ………………………………………… (167)
最高人民法院关于涉台民事诉讼文书送达的若干规定(2008.4.17) ……………………………………………………………………… (168)
最高人民法院关于审理涉台民商事案件法律适用问题的规定(2010.12.27) ……………………………………………………………………… (171)

最高人民法院关于人民法院办理海峡两岸送达文书和调查取证司法互助案件的规定(2011.6.14) …………………………………………………… (172)
关于人民法院推行立案登记制改革的意见(2015.4.1) ……………… (180)
最高人民法院关于认可和执行台湾地区法院民事判决的规定(2015.6.29) ……………………………………………………………… (184)
最高人民法院关于认可和执行台湾地区仲裁裁决的规定(2015.6.29) …… ……………………………………………………………… (189)

附 录

海峡两岸共同打击犯罪及司法互助协议(全文)(2009.4.26) ……… (194)
2016 年中华人民共和国普通高等学校联合招收华侨、港澳地区及台湾省学生简章(2015.11) ……………………………………………………… (199)
2016 年普通高等学校招生工作规定(节录)(2016.2.26) …………… (205)

婚　　姻

中华人民共和国婚姻法

（1980年9月10日第五届全国人民代表大会第三次会议通过　根据2001年4月28日第九届全国人民代表大会常务委员会第二十一次会议《关于修改〈中华人民共和国婚姻法〉的决定》修正）

第一章　总　　则

第一条　本法是婚姻家庭关系的基本准则。

第二条　实行婚姻自由、一夫一妻、男女平等的婚姻制度。

保护妇女、儿童和老人的合法权益。

实行计划生育。

第三条　禁止包办、买卖婚姻和其他干涉婚姻自由的行为。禁止借婚姻索取财物。

禁止重婚。禁止有配偶者与他人同居。禁止家庭暴力。禁止家庭成员间的虐待和遗弃。

第四条　夫妻应当互相忠实，互相尊重；家庭成员间应当敬老爱幼，互相帮助，维护平等、和睦、文明的婚姻家庭关系。

第二章　结　　婚

第五条　结婚必须男女双方完全自愿，不许任何一方对他方加以强迫或任何第三者加以干涉。

第六条 结婚年龄，男不得早于二十二周岁，女不得早于二十周岁。晚婚晚育应予鼓励。

第七条 有下列情形之一的，禁止结婚：

（一）直系血亲和三代以内的旁系血亲；

（二）患有医学上认为不应当结婚的疾病。

第八条 要求结婚的男女双方必须亲自到婚姻登记机关进行结婚登记。符合本法规定的，予以登记，发给结婚证。取得结婚证，即确立夫妻关系。未办理结婚登记的，应当补办登记。

第九条 登记结婚后，根据男女双方约定，女方可以成为男方家庭的成员，男方可以成为女方家庭的成员。

第十条 有下列情形之一的，婚姻无效：

（一）重婚的；

（二）有禁止结婚的亲属关系的；

（三）婚前患有医学上认为不应当结婚的疾病，婚后尚未治愈的；

（四）未到法定婚龄的。

第十一条 因胁迫结婚的，受胁迫的一方可以向婚姻登记机关或人民法院请求撤销该婚姻。受胁迫的一方撤销婚姻的请求，应当自结婚登记之日起一年内提出。被非法限制人身自由的当事人请求撤销婚姻的，应当自恢复人身自由之日起一年内提出。

第十二条 无效或被撤销的婚姻，自始无效。当事人不具有夫妻的权利和义务。同居期间所得的财产，由当事人协议处理；协议不成时，由人民法院根据照顾无过错方的原则判决。对重婚导致的婚姻无效的财产处理，不得侵害合法婚姻当事人的财产权益。当事人所生的子女，适用本法有关父母子女的规定。

第三章　家庭关系

第十三条 夫妻在家庭中地位平等。

第十四条 夫妻双方都有各用自己姓名的权利。

第十五条 夫妻双方都有参加生产、工作、学习和社会活动的自由，一方不得对他方加以限制或干涉。

第十六条 夫妻双方都有实行计划生育的义务。

第十七条 夫妻在婚姻关系存续期间所得的下列财产，归夫妻共同所有：

（一）工资、奖金；

（二）生产、经营的收益；

（三）知识产权的收益；

（四）继承或赠与所得的财产，但本法第十八条第三项规定的除外；

（五）其他应当归共同所有的财产。

夫妻对共同所有的财产，有平等的处理权。

第十八条 有下列情形之一的，为夫妻一方的财产：

（一）一方的婚前财产；

（二）一方因身体受到伤害获得的医疗费、残疾人生活补助费等费用；

（三）遗嘱或赠与合同中确定只归夫或妻一方的财产；

（四）一方专用的生活用品；

（五）其他应当归一方的财产。

第十九条 夫妻可以约定婚姻关系存续期间所得的财产以及婚前财产归各自所有、共同所有或部分各自所有、部分共同所有。约定应当采用书面形式。没有约定或约定不明确的，适用本法第十七条、第十八条的规定。

夫妻对婚姻关系存续期间所得的财产以及婚前财产的约定，对双方具有约束力。

夫妻对婚姻关系存续期间所得的财产约定归各自所有的，夫或妻一方对外所负的债务，第三人知道该约定的，以夫或妻一方所有的财产清偿。

第二十条 夫妻有互相扶养的义务。

一方不履行扶养义务时，需要扶养的一方，有要求对方付给扶养费的权利。

第二十一条 父母对子女有抚养教育的义务；子女对父母有赡养扶助的义务。

父母不履行抚养义务时，未成年的或不能独立生活的子女，有要求父母付给抚养费的权利。

子女不履行赡养义务时，无劳动能力的或生活困难的父母，有要求子女付给赡养费的权利。

禁止溺婴、弃婴和其他残害婴儿的行为。

第二十二条 子女可以随父姓，可以随母姓。

第二十三条 父母有保护和教育未成年子女的权利和义务。在未成年子女对国家、集体或他人造成损害时，父母有承担民事责任的义务。

第二十四条 夫妻有相互继承遗产的权利。

父母和子女有相互继承遗产的权利。

第二十五条 非婚生子女享有与婚生子女同等的权利，任何人不得加以危害和歧视。

不直接抚养非婚生子女的生父或生母，应当负担子女的生活费和教育费，直至子女能独立生活为止。

第二十六条 国家保护合法的收养关系。养父母和养子女间的权利和义务，适用本法对父母子女关系的有关规定。

养子女和生父母间的权利和义务，因收养关系的成立而消除。

第二十七条 继父母与继子女间，不得虐待或歧视。

继父或继母和受其抚养教育的继子女间的权利和义务，适用本法对父母子女关系的有关规定。

第二十八条 有负担能力的祖父母、外祖父母，对于父母已经死亡或父母无力抚养的未成年的孙子女、外孙子女，有抚养的义务。有负担能力的孙子女、外孙子女，对于子女已经死亡或子女无力赡养的祖父母、外祖父母，有赡养的义务。

第二十九条 有负担能力的兄、姐，对于父母已经死亡或父母无力抚养的未成年的弟、妹，有扶养的义务。由兄、姐扶养长大的有负担能力的弟、妹，对于缺乏劳动能力又缺乏生活来源的兄、姐，有扶养的义务。

第三十条 子女应当尊重父母的婚姻权利，不得干涉父母再婚以及婚后的生活。子女对父母的赡养义务，不因父母的婚姻关系变化而终止。

第四章 离 婚

第三十一条 男女双方自愿离婚的，准予离婚。双方必须到婚姻登记机关申请离婚。婚姻登记机关查明双方确实是自愿并对子女和财产问题已有适当处理时，发给离婚证。

第三十二条 男女一方要求离婚的，可由有关部门进行调解或直接向人民法院提出离婚诉讼。

人民法院审理离婚案件，应当进行调解；如感情确已破裂，调解无效，应准予离婚。

有下列情形之一，调解无效的，应准予离婚：

（一）重婚或有配偶者与他人同居的；

（二）实施家庭暴力或虐待、遗弃家庭成员的；

（三）有赌博、吸毒等恶习屡教不改的；

（四）因感情不和分居满二年的；

（五）其他导致夫妻感情破裂的情形。

一方被宣告失踪，另一方提出离婚诉讼的，应准予离婚。

第三十三条 现役军人的配偶要求离婚，须得军人同意，但军人一方有重大过错的除外。

第三十四条 女方在怀孕期间、分娩后一年内或中止妊娠后六个月内，男方不得提出离婚。女方提出离婚的，或人民法院认为确有必要受理男方离婚请求的，不在此限。

第三十五条 离婚后，男女双方自愿恢复夫妻关系的，必须到婚姻登记机关进行复婚登记。

第三十六条 父母与子女间的关系，不因父母离婚而消除。离婚后，子女无论由父或母直接抚养，仍是父母双方的子女。

离婚后，父母对于子女仍有抚养和教育的权利和义务。

离婚后，哺乳期内的子女，以随哺乳的母亲抚养为原则。哺乳期后的子女，如双方因抚养问题发生争执不能达成协议时，由人民法院根据子女的权益和双方的具体情况判决。

第三十七条 离婚后，一方抚养的子女，另一方应负担必要的生活费和教育费的一部或全部，负担费用的多少和期限的长短，由双方协议；协议不成时，由人民法院判决。

关于子女生活费和教育费的协议或判决，不妨碍子女在必要时向父母任何一方提出超过协议或判决原定数额的合理要求。

第三十八条 离婚后，不直接抚养子女的父或母，有探望子女的权利，另一方有协助的义务。

行使探望权利的方式、时间由当事人协议；协议不成时，由人民法院判决。

父或母探望子女，不利于子女身心健康的，由人民法院依法中止探望的权利；中止的事由消失后，应当恢复探望的权利。

第三十九条 离婚时，夫妻的共同财产由双方协议处理；协议不成时，由人民法院根据财产的具体情况，照顾子女和女方权益的原则判决。

夫或妻在家庭土地承包经营中享有的权益等，应当依法予以保护。

第四十条 夫妻书面约定婚姻关系存续期间所得的财产归各自所有，一方因抚育子女、照料老人、协助另一方工作等付出较多义务的，离婚时有权向另一方请求补偿，另一方应当予以补偿。

第四十一条 离婚时，原为夫妻共同生活所负的债务，应当共同偿还。共同财产不足清偿的，或财产归各自所有的，由双方协议清偿；协议不成时，由人民法院判决。

第四十二条 离婚时，如一方生活困难，另一方应从其住房等个人财产中给予适当帮助。具体办法由双方协议；协议不成时，由人民法院判决。

第五章 救助措施与法律责任

第四十三条 实施家庭暴力或虐待家庭成员，受害人有权提出请求，居民委员会、村民委员会以及所在单位应当予以劝阻、调解。

对正在实施的家庭暴力，受害人有权提出请求，居民委员会、村民委员会应当予以劝阻；公安机关应当予以制止。

实施家庭暴力或虐待家庭成员，受害人提出请求的，公安机关应当依照治安管理处罚的法律规定予以行政处罚。

第四十四条 对遗弃家庭成员，受害人有权提出请求，居民委员会、村民委员会以及所在单位应当予以劝阻、调解。

对遗弃家庭成员，受害人提出请求的，人民法院应当依法作出支付扶养费、抚养费、赡养费的判决。

第四十五条 对重婚的，对实施家庭暴力或虐待、遗弃家庭成员构成犯罪的，依法追究刑事责任。受害人可以依照刑事诉讼法的有关规定，向人民法院自诉；公安机关应当依法侦查，人民检察院应当依法提起公诉。

第四十六条 有下列情形之一，导致离婚的，无过错方有权请求损害赔偿：

（一）重婚的；

（二）有配偶者与他人同居的；

（三）实施家庭暴力的；

（四）虐待、遗弃家庭成员的。

第四十七条 离婚时，一方隐藏、转移、变卖、毁损夫妻共同财产，或伪造债务企图侵占另一方财产的，分割夫妻共同财产时，对隐藏、转移、变卖、毁损夫妻共同财产或伪造债务的一方，可以少分或不分。离婚后，另一方发现有上述行为的，可以向人民法院提起诉讼，请求再次分割夫妻共同财产。

人民法院对前款规定的妨害民事诉讼的行为，依照民事诉讼法的规定予以制裁。

第四十八条　对拒不执行有关扶养费、抚养费、赡养费、财产分割、遗产继承、探望子女等判决或裁定的，由人民法院依法强制执行。有关个人和单位应负协助执行的责任。

第四十九条　其他法律对有关婚姻家庭的违法行为和法律责任另有规定的，依照其规定。

第六章　附　　则

第五十条　民族自治地方的人民代表大会有权结合当地民族婚姻家庭的具体情况，制定变通规定。自治州、自治县制定的变通规定，报省、自治区、直辖市人民代表大会常务委员会批准后生效。自治区制定的变通规定，报全国人民代表大会常务委员会批准后生效。

第五十一条　本法自 1981 年 1 月 1 日起施行。

最高人民法院关于适用《中华人民共和国婚姻法》若干问题的解释（一）

（2001年12月24日　法释〔2001〕30号）

为了正确审理婚姻家庭纠纷案件，根据《中华人民共和国婚姻法》（以下简称婚姻法）、《中华人民共和国民事诉讼法》等法律的规定，对人民法院适用婚姻法的有关问题作出如下解释：

第一条　婚姻法第三条、第三十二条、第四十三条、第四十五条、第四十六条所称的“家庭暴力”，是指行为人以殴打、捆绑、残害、强行限制人身自由或者其他手段，给其家庭成员的身体、精神等方面造成一定伤害后果的行为。持续性、经常性的家庭暴力，构成虐待。

第二条　婚姻法第三条、第三十二条、第四十六条规定的“有配偶者与他人同居”的情形，是指有配偶者与婚外异性，不以夫妻名义，持续、稳定地共同居住。

第三条　当事人仅以婚姻法第四条为依据提起诉讼的，人民法院不予受理；已经受理的，裁定驳回起诉。

第四条　男女双方根据婚姻法第八条规定补办结婚登记的，婚姻关系的效力从双方均符合婚姻法所规定的结婚的实质要件时起算。

第五条　未按婚姻法第八条规定办理结婚登记而以夫妻名义共同生活的男女，起诉到人民法院要求离婚的，应当区别对待：

（一）1994年2月1日民政部《婚姻登记管理条例》公布实施以前，男女双方已经符合结婚实质要件的，按事实婚姻处理；

（二）1994年2月1日民政部《婚姻登记管理条例》公布实施以后，

男女双方符合结婚实质要件的，人民法院应当告知其在案件受理前补办结婚登记；未补办结婚登记的，按解除同居关系处理。

第六条 未按婚姻法第八条规定办理结婚登记而以夫妻名义共同生活的男女，一方死亡，另一方以配偶身份主张享有继承权的，按照本解释第五条的原则处理。

第七条 有权依据婚姻法第十条规定向人民法院就已办理结婚登记的婚姻申请宣告婚姻无效的主体，包括婚姻当事人及利害关系人。利害关系人包括：

（一）以重婚为由申请宣告婚姻无效的，为当事人的近亲属及基层组织。

（二）以未到法定婚龄为由申请宣告婚姻无效的，为未达法定婚龄者的近亲属。

（三）以有禁止结婚的亲属关系为由申请宣告婚姻无效的，为当事人的近亲属。

（四）以婚前患有医学上认为不应当结婚的疾病，婚后尚未治愈为由申请宣告婚姻无效的，为与患病者共同生活的近亲属。

第八条 当事人依据婚姻法第十条规定向人民法院申请宣告婚姻无效的，申请时，法定的无效婚姻情形已经消失的，人民法院不予支持。

第九条 人民法院审理宣告婚姻无效案件，对婚姻效力的审理不适用调解，应当依法作出判决；有关婚姻效力的判决一经作出，即发生法律效力。

涉及财产分割和子女抚养的，可以调解。调解达成协议的，另行制作调解书。对财产分割和子女抚养问题的判决不服的，当事人可以上诉。

第十条 婚姻法第十一条所称的“胁迫”，是指行为人以给另一方当事人或者其近亲属的生命、身体健康、名誉、财产等方面造成损害为要挟，迫使另一方当事人违背真实意愿结婚的情况。

因受胁迫而请求撤销婚姻的，只能是受胁迫一方的婚姻关系当事人本人。

第十一条　人民法院审理婚姻当事人因受胁迫而请求撤销婚姻的案件，应当适用简易程序或者普通程序。

第十二条　婚姻法第十一条规定的“一年”，不适用诉讼时效中止、中断或者延长的规定。

第十三条　婚姻法第十二条所规定的自始无效，是指无效或者可撤销婚姻在依法被宣告无效或被撤销时，才确定该婚姻自始不受法律保护。

第十四条　人民法院根据当事人的申请，依法宣告婚姻无效或者撤销婚姻的，应当收缴双方的结婚证书并将生效的判决书寄送当地婚姻登记管理机关。

第十五条　被宣告无效或被撤销的婚姻，当事人同居期间所得的财产，按共同共有处理。但有证据证明为当事人一方所有的除外。

第十六条　人民法院审理重婚导致的无效婚姻案件时，涉及财产处理的，应当准许合法婚姻当事人作为有独立请求权的第三人参加诉讼。

第十七条　婚姻法第十七条关于“夫或妻对夫妻共同所有的财产，有平等的处理权”的规定，应当理解为：

（一）夫或妻在处理夫妻共同财产上的权利是平等的。因日常生活需要而处理夫妻共同财产的，任何一方均有权决定。

（二）夫或妻非因日常生活需要对夫妻共同财产做重要处理决定，夫妻双方应当平等协商，取得一致意见。他人有理由相信其为夫妻双方共同意思表示的，另一方不得以不同意或不知道为由对抗善意第三人。

第十八条　婚姻法第十九条所称“第三人知道该约定的”，夫妻一方对此负有举证责任。

第十九条　婚姻法第十八条规定为夫妻一方所有的财产，不因婚姻关系的延续而转化为夫妻共同财产。但当事人另有约定的除外。

第二十条　婚姻法第二十一条规定的“不能独立生活的子女”，是指尚在校接受高中及其以下学历教育，或者丧失或未完全丧失劳动能力等非因主观原因而无法维持正常生活的成年子女。

第二十一条　婚姻法第二十一条所称“抚养费”，包括子女生活费、教育费、医疗费等费用。

第二十二条 人民法院审理离婚案件，符合第三十二条第二款规定“应准予离婚”情形的，不应当因当事人有过错而判决不准离婚。

第二十三条 婚姻法第三十三条所称的“军人一方有重大过错”，可以依据婚姻法第三十二条第二款前三项规定及军人有其他重大过错导致夫妻感情破裂的情形予以判断。

第二十四条 人民法院作出的生效的离婚判决中未涉及探望权，当事人就探望权问题单独提起诉讼的，人民法院应予受理。

第二十五条 当事人在履行生效判决、裁定或者调解书的过程中，请求中止行使探望权的，人民法院在征询双方当事人意见后，认为需要中止行使探望权的，依法作出裁定。中止探望的情形消失后，人民法院应当根据当事人的申请通知其恢复探望权的行使。

第二十六条 未成年子女、直接抚养子女的父或母及其他对未成年子女负担抚养、教育义务的法定监护人，有权向人民法院提出中止探望权的请求。

第二十七条 婚姻法第四十二条所称“一方生活困难”，是指依靠个人财产和离婚时分得的财产无法维持当地基本生活水平。一方离婚后没有住处的，属于生活困难。

离婚时，一方以个人财产中的住房对生活困难者进行帮助的形式，可以是房屋的居住权或者房屋的所有权。

第二十八条 婚姻法第四十六条规定的“损害赔偿”，包括物质损害赔偿和精神损害赔偿。涉及精神损害赔偿的，适用最高人民法院《关于确定民事侵权精神损害赔偿责任若干问题的解释》的有关规定。

第二十九条 承担婚姻法第四十六条规定的损害赔偿责任的主体，为离婚诉讼当事人中无过错方的配偶。

人民法院判决不准离婚的案件，对于当事人基于婚姻法第四十六条提出的损害赔偿请求，不予支持。

在婚姻关系存续期间，当事人不起诉离婚而单独依据该条规定提起损害赔偿请求的，人民法院不予受理。

第三十条 人民法院受理离婚案件时，应当将婚姻法第四十六条等规定中当事人的有关权利义务，书面告知当事人。在适用婚姻法第四十六条时，应当区分以下不同情况：

（一）符合婚姻法第四十六条规定的无过错方作为原告基于该条规定向人民法院提起损害赔偿请求的，必须在离婚诉讼的同时提出。

（二）符合婚姻法第四十六条规定的无过错方作为被告的离婚诉讼案件，如果被告不同意离婚也不基于该条规定提起损害赔偿请求的，可以在离婚后一年内就此单独提起诉讼。

（三）无过错方作为被告的离婚诉讼案件，一审时被告未基于婚姻法第四十六条规定提出损害赔偿请求，二审期间提出的，人民法院应当进行调解，调解不成的，告知当事人在离婚后一年内另行起诉。

第三十一条 当事人依据婚姻法第四十七条的规定向人民法院提起诉讼，请求再次分割夫妻共同财产的诉讼时效为两年，从当事人发现之次日起计算。

第三十二条 婚姻法第四十八条关于对拒不执行有关探望子女等判决和裁定的，由人民法院依法强制执行的规定，是指对拒不履行协助另一方行使探望权的有关个人和单位采取拘留、罚款等强制措施，不能对子女的人身、探望行为进行强制执行。

第三十三条 婚姻法修改后正在审理的一、二审婚姻家庭纠纷案件，一律适用修改后的婚姻法。此前最高人民法院作出的相关司法解释如与本解释相抵触，以本解释为准。

第三十四条 本解释自公布之日起施行。

最高人民法院关于适用《中华人民共和国婚姻法》若干问题的解释（二）

（2003 年 12 月 26 日　法释〔2003〕19 号）

为正确审理婚姻家庭纠纷案件，根据《中华人民共和国婚姻法》（以下简称婚姻法）、《中华人民共和国民事诉讼法》等相关法律规定，对人民法院适用婚姻法的有关问题作出如下解释：

第一条　当事人起诉请求解除同居关系的，人民法院不予受理。但当事人请求解除的同居关系，属于婚姻法第三条、第三十二条、第四十六条规定的“有配偶者与他人同居”的，人民法院应当受理并依法予以解除。

当事人因同居期间财产分割或者子女抚养纠纷提起诉讼的，人民法院应当受理。

第二条　人民法院受理申请宣告婚姻无效案件后，经审查确属无效婚姻的，应当依法作出宣告婚姻无效的判决。原告申请撤诉的，不予准许。

第三条　人民法院受理离婚案件后，经审查确属无效婚姻的，应当将婚姻无效的情形告知当事人，并依法作出宣告婚姻无效的判决。

第四条　人民法院审理无效婚姻案件，涉及财产分割和子女抚养的，应当对婚姻效力的认定和其他纠纷的处理分别制作裁判文书。

第五条　夫妻一方或者双方死亡后一年内，生存一方或者利害关系人依据婚姻法第十条的规定申请宣告婚姻无效的，人民法院应当受理。

第六条　利害关系人依据婚姻法第十条的规定，申请人民法院宣告婚姻无效的，利害关系人为申请人，婚姻关系当事人双方为被申请人。

夫妻一方死亡的，生存一方为被申请人。

夫妻双方均已死亡的，不列被申请人。

第七条 人民法院就同一婚姻关系分别受理了离婚和申请宣告婚姻无效案件的，对于离婚案件的审理，应当待申请宣告婚姻无效案件作出判决后进行。

前款所指的婚姻关系被宣告无效后，涉及财产分割和子女抚养的，应当继续审理。

第八条 离婚协议中关于财产分割的条款或者当事人因离婚就财产分割达成的协议，对男女双方具有法律约束力。

当事人因履行上述财产分割协议发生纠纷提起诉讼的，人民法院应当受理。

第九条 男女双方协议离婚后一年内就财产分割问题反悔，请求变更或者撤销财产分割协议的，人民法院应当受理。

人民法院审理后，未发现订立财产分割协议时存在欺诈、胁迫等情形的，应当依法驳回当事人的诉讼请求。

第十条 当事人请求返还按照习俗给付的彩礼的，如果查明属于以下情形，人民法院应当予以支持：

（一）双方未办理结婚登记手续的；

（二）双方办理结婚登记手续但确未共同生活的；

（三）婚前给付并导致给付人生活困难的。

适用前款第（二）、（三）项的规定，应当以双方离婚为条件。

第十一条 婚姻关系存续期间，下列财产属于婚姻法第十七条规定的“其他应当归共同所有的财产”：

（一）一方以个人财产投资取得的收益；

（二）男女双方实际取得或者应当取得的住房补贴、住房公积金；

（三）男女双方实际取得或者应当取得的养老保险金、破产安置补偿费。

第十二条 婚姻法第十七条第三项规定的“知识产权的收益”，是指婚姻关系存续期间，实际取得或者已经明确可以取得的财产性收益。

第十三条 军人的伤亡保险金、伤残补助金、医药生活补助费属于个人财产。

第十四条 人民法院审理离婚案件，涉及分割发放到军人名下的复员费、自主择业费等一次性费用的，以夫妻婚姻关系存续年限乘以年平均值，所得数额为夫妻共同财产。

前款所称年平均值，是指将发放到军人名下的上述费用总额按具体年限均分得出的数额。其具体年限为人均寿命七十岁与军人入伍时实际年龄的差额。

第十五条 夫妻双方分割共同财产中的股票、债券、投资基金份额等有价证券以及未上市股份有限公司股份时，协商不成或者按市价分配有困难的，人民法院可以根据数量按比例分配。

第十六条 人民法院审理离婚案件，涉及分割夫妻共同财产中以一方名义在有限责任公司的出资额，另一方不是该公司股东的，按以下情形分别处理：

（一）夫妻双方协商一致将出资额部分或者全部转让给该股东的配偶，过半数股东同意、其他股东明确表示放弃优先购买权的，该股东的配偶可以成为该公司股东；

（二）夫妻双方就出资额转让份额和转让价格等事项协商一致后，过半数股东不同意转让，但愿意以同等价格购买该出资额的，人民法院可以对转让出资所得财产进行分割。过半数股东不同意转让，也不愿意以同等价格购买该出资额的，视为其同意转让，该股东的配偶可以成为该公司股东。

用于证明前款规定的过半数股东同意的证据，可以是股东会决议，也可以是当事人通过其他合法途径取得的股东的书面声明材料。

第十七条 人民法院审理离婚案件，涉及分割夫妻共同财产中以一方名义在合伙企业中的出资，另一方不是该企业合伙人的，当夫妻双方协商一致，将其合伙企业中的财产份额全部或者部分转让给对方时，按以下情形分别处理：

（一）其他合伙人一致同意的，该配偶依法取得合伙人地位；

（二）其他合伙人不同意转让，在同等条件下行使优先受让权的，可以对转让所得的财产进行分割；

（三）其他合伙人不同意转让，也不行使优先受让权，但同意该合伙人退伙或者退还部分财产份额的，可以对退还的财产进行分割；

（四）其他合伙人既不同意转让，也不行使优先受让权，又不同意该合伙人退伙或者退还部分财产份额的，视为全体合伙人同意转让，该配偶依法取得合伙人地位。

第十八条　夫妻以一方名义投资设立独资企业的，人民法院分割夫妻在该独资企业中的共同财产时，应当按照以下情形分别处理：

（一）一方主张经营该企业的，对企业资产进行评估后，由取得企业一方给予另一方相应的补偿；

（二）双方均主张经营该企业的，在双方竞价基础上，由取得企业的一方给予另一方相应的补偿；

（三）双方均不愿意经营该企业的，按照《中华人民共和国个人独资企业法》等有关规定办理。

第十九条　由一方婚前承租、婚后用共同财产购买的房屋，房屋权属证书登记在一方名下的，应当认定为夫妻共同财产。

第二十条　双方对夫妻共同财产中的房屋价值及归属无法达成协议时，人民法院按以下情形分别处理：

（一）双方均主张房屋所有权并且同意竞价取得的，应当准许；

（二）一方主张房屋所有权的，由评估机构按市场价格对房屋作出评估，取得房屋所有权的一方应当给予另一方相应的补偿；

（三）双方均不主张房屋所有权的，根据当事人的申请拍卖房屋，就所得价款进行分割。

第二十一条　离婚时双方对尚未取得所有权或者尚未取得完全所有权的房屋有争议且协商不成的，人民法院不宜判决房屋所有权的归属，应当根据实际情况判决由当事人使用。

当事人就前款规定的房屋取得完全所有权后，有争议的，可以另行向人民法院提起诉讼。

第二十二条　当事人结婚前，父母为双方购置房屋出资的，该出资应当认定为对自己子女的个人赠与，但父母明确表示赠与双方的除外。

当事人结婚后，父母为双方购置房屋出资的，该出资应当认定为对夫妻双方的赠与，但父母明确表示赠与一方的除外。

第二十三条 债权人就一方婚前所负个人债务向债务人的配偶主张权利的，人民法院不予支持。但债权人能够证明所负债务用于婚后家庭共同生活的除外。

第二十四条 债权人就婚姻关系存续期间夫妻一方以个人名义所负债务主张权利的，应当按夫妻共同债务处理。但夫妻一方能够证明债权人与债务人明确约定为个人债务，或者能够证明属于婚姻法第十九条第三款规定情形的除外。

第二十五条 当事人的离婚协议或者人民法院的判决书、裁定书、调解书已经对夫妻财产分割问题作出处理的，债权人仍有权就夫妻共同债务向男女双方主张权利。

一方就共同债务承担连带清偿责任后，基于离婚协议或者人民法院的法律文书向另一方主张追偿的，人民法院应当支持。

第二十六条 夫或妻一方死亡的，生存一方应当对婚姻关系存续期间的共同债务承担连带清偿责任。

第二十七条 当事人在婚姻登记机关办理离婚登记手续后，以婚姻法第四十六条规定为由向人民法院提出损害赔偿请求的，人民法院应当受理。但当事人在协议离婚时已经明确表示放弃该项请求，或者在办理离婚登记手续一年后提出的，不予支持。

第二十八条 夫妻一方申请对配偶的个人财产或者夫妻共同财产采取保全措施的，人民法院可以在采取保全措施可能造成损失的范围内，根据实际情况，确定合理的财产担保数额。

第二十九条 本解释自2004年4月1日起施行。

本解释施行后，人民法院新受理的一审婚姻家庭纠纷案件，适用本解释。

本解释施行后，此前最高人民法院作出的相关司法解释与本解释相抵触的，以本解释为准。

最高人民法院关于适用《中华人民共和国婚姻法》若干问题的解释（三）

（2011 年 7 月 4 日　法释〔2011〕18 号）

为正确审理婚姻家庭纠纷案件，根据《中华人民共和国婚姻法》、《中华人民共和国民事诉讼法》等相关法律规定，对人民法院适用婚姻法的有关问题作出如下解释：

第一条　当事人以婚姻法第十条规定以外的情形申请宣告婚姻无效的，人民法院应当判决驳回当事人的申请。

当事人以结婚登记程序存在瑕疵为由提起民事诉讼，主张撤销结婚登记的，告知其可以依法申请行政复议或者提起行政诉讼。

第二条　夫妻一方向人民法院起诉请求确认亲子关系不存在，并已提供必要证据予以证明，另一方没有相反证据又拒绝做亲子鉴定的，人民法院可以推定请求确认亲子关系不存在一方的主张成立。

当事人一方起诉请求确认亲子关系，并提供必要证据予以证明，另一方没有相反证据又拒绝做亲子鉴定的，人民法院可以推定请求确认亲子关系一方的主张成立。

第三条　婚姻关系存续期间，父母双方或者一方拒不履行抚养子女义务，未成年或者不能独立生活的子女请求支付抚养费的，人民法院应予支持。

第四条　婚姻关系存续期间，夫妻一方请求分割共同财产的，人民法院不予支持，但有下列重大理由且不损害债权人利益的除外：

（一）一方有隐藏、转移、变卖、毁损、挥霍夫妻共同财产或者伪造夫妻共同债务等严重损害夫妻共同财产利益行为的；

（二）一方负有法定扶养义务的人患重大疾病需要医治，另一方不同意支付相关医疗费用的。

第五条 夫妻一方个人财产在婚后产生的收益，除孳息和自然增值外，应认定为夫妻共同财产。

第六条 婚前或者婚姻关系存续期间，当事人约定将一方所有的房产赠与另一方，赠与方在赠与房产变更登记之前撤销赠与，另一方请求判令继续履行的，人民法院可以按照合同法第一百八十六条的规定处理。

第七条 婚后由一方父母出资为子女购买的不动产，产权登记在出资人子女名下的，可按照婚姻法第十八条第（三）项的规定，视为只对自己子女一方的赠与，该不动产应认定为夫妻一方的个人财产。

由双方父母出资购买的不动产，产权登记在一方子女名下的，该不动产可认定为双方按照各自父母的出资份额按份共有，但当事人另有约定的除外。

第八条 无民事行为能力人的配偶有虐待、遗弃等严重损害无民事行为能力一方的人身权利或者财产权益行为，其他有监护资格的人可以依照特别程序要求变更监护关系；变更后的监护人代理无民事行为能力一方提起离婚诉讼的，人民法院应予受理。

第九条 夫以妻擅自中止妊娠侵犯其生育权为由请求损害赔偿的，人民法院不予支持；夫妻双方因是否生育发生纠纷，致使感情确已破裂，一方请求离婚的，人民法院经调解无效，应依照婚姻法第三十二条第三款第（五）项的规定处理。

第十条 夫妻一方婚前签订不动产买卖合同，以个人财产支付首付款并在银行贷款，婚后用夫妻共同财产还贷，不动产登记于首付款支付方名下的，离婚时该不动产由双方协议处理。

依前款规定不能达成协议的，人民法院可以判决该不动产归产权登记一方，尚未归还的贷款为产权登记一方的个人债务。双方婚后共同还贷支付的款项及其相对应财产增值部分，离婚时应根据婚姻法第三十九条第一款规定的原则，由产权登记一方对另一方进行补偿。

第十一条 一方未经另一方同意出售夫妻共同共有的房屋，第三人善意购买、支付合理对价并办理产权登记手续，另一方主张追回该房屋的，人民法院不予支持。

夫妻一方擅自处分共同共有的房屋造成另一方损失，离婚时另一方请求赔偿损失的，人民法院应予支持。

第十二条 婚姻关系存续期间，双方用夫妻共同财产出资购买以一方父母名义参加房改的房屋，产权登记在一方父母名下，离婚时另一方主张按照夫妻共同财产对该房屋进行分割的，人民法院不予支持。购买该房屋时的出资，可以作为债权处理。

第十三条 离婚时夫妻一方尚未退休、不符合领取养老保险金条件，另一方请求按照夫妻共同财产分割养老保险金的，人民法院不予支持；婚后以夫妻共同财产缴付养老保险费，离婚时一方主张将养老金账户中婚姻关系存续期间个人实际缴付部分作为夫妻共同财产分割的，人民法院应予支持。

第十四条 当事人达成的以登记离婚或者到人民法院协议离婚为条件的财产分割协议，如果双方协议离婚未成，一方在离婚诉讼中反悔的，人民法院应当认定该财产分割协议没有生效，并根据实际情况依法对夫妻共同财产进行分割。

第十五条 婚姻关系存续期间，夫妻一方作为继承人依法可以继承的遗产，在继承人之间尚未实际分割，起诉离婚时另一方请求分割的，人民法院应当告知当事人在继承人之间实际分割遗产后另行起诉。

第十六条 夫妻之间订立借款协议，以夫妻共同财产出借给一方从事个人经营活动或用于其他个人事务的，应视为双方约定处分夫妻共同财产的行为，离婚时可按照借款协议的约定处理。

第十七条 夫妻双方均有婚姻法第四十六条规定的过错情形，一方或者双方向对方提出离婚损害赔偿请求的，人民法院不予支持。

第十八条 离婚后，一方以尚有夫妻共同财产未处理为由向人民法院起诉请求分割的，经审查该财产确属离婚时未涉及的夫妻共同财产，人民法院应当依法予以分割。

第十九条 本解释施行后，最高人民法院此前作出的相关司法解释与本解释相抵触的，以本解释为准。

婚姻登记条例

（2003 年 8 月 8 日　国务院令第 387 号发布）

第一章　总　　则

第一条　为了规范婚姻登记工作，保障婚姻自由、一夫一妻、男女平等的婚姻制度的实施，保护婚姻当事人的合法权益，根据《中华人民共和国婚姻法》（以下简称婚姻法），制定本条例。

第二条　内地居民办理婚姻登记的机关是县级人民政府民政部门或者乡（镇）人民政府，省、自治区、直辖市人民政府可以按照便民原则确定农村居民办理婚姻登记的具体机关。

中国公民同外国人，内地居民同香港特别行政区居民（以下简称香港居民）、澳门特别行政区居民（以下简称澳门居民）、台湾地区居民（以下简称台湾居民）、华侨办理婚姻登记的机关是省、自治区、直辖市人民政府民政部门或者省、自治区、直辖市人民政府民政部门确定的机关。

第三条　婚姻登记机关的婚姻登记员应当接受婚姻登记业务培训，经考核合格，方可从事婚姻登记工作。

婚姻登记机关办理婚姻登记，除按收费标准向当事人收取工本费外，不得收取其他费用或者附加其他义务。

第二章　结 婚 登 记

第四条　内地居民结婚，男女双方应当共同到一方当事人常住户口所在地的婚姻登记机关办理结婚登记。

中国公民同外国人在中国内地结婚的，内地居民同香港居民、澳门居民、台湾居民、华侨在中国内地结婚的，男女双方应当共同到内地居民常住户口所在地的婚姻登记机关办理结婚登记。

第五条 办理结婚登记的内地居民应当出具下列证件和证明材料：

（一）本人的户口簿、身份证；

（二）本人无配偶以及与对方当事人没有直系血亲和三代以内旁系血亲关系的签字声明。

办理结婚登记的香港居民、澳门居民、台湾居民应当出具下列证件和证明材料：

（一）本人的有效通行证、身份证；

（二）经居住地公证机构公证的本人无配偶以及与对方当事人没有直系血亲和三代以内旁系血亲关系的声明。

办理结婚登记的华侨应当出具下列证件和证明材料：

（一）本人的有效护照；

（二）居住国公证机构或者有权机关出具的、经中华人民共和国驻该国使（领）馆认证的本人无配偶以及与对方当事人没有直系血亲和三代以内旁系血亲关系的证明，或者中华人民共和国驻该国使（领）馆出具的本人无配偶以及与对方当事人没有直系血亲和三代以内旁系血亲关系的证明。

办理结婚登记的外国人应当出具下列证件和证明材料：

（一）本人的有效护照或者其他有效的国际旅行证件；

（二）所在国公证机构或者有权机关出具的、经中华人民共和国驻该国使（领）馆认证或者该国驻华使（领）馆认证的本人无配偶的证明，或者所在国驻华使（领）馆出具的本人无配偶的证明。

第六条 办理结婚登记的当事人有下列情形之一的，婚姻登记机关不予登记：

（一）未到法定结婚年龄的；

（二）非双方自愿的；

（三）一方或者双方已有配偶的；

（四）属于直系血亲或者三代以内旁系血亲的；

（五）患有医学上认为不应当结婚的疾病的。

第七条 婚姻登记机关应当对结婚登记当事人出具的证件、证明材料进行审查并询问相关情况。对当事人符合结婚条件的，应当当场予以登记，发给结婚证；对当事人不符合结婚条件不予登记的，应当向当事人说明理由。

第八条 男女双方补办结婚登记的，适用本条例结婚登记的规定。

第九条 因胁迫结婚的，受胁迫的当事人依据婚姻法第十一条的规定向婚姻登记机关请求撤销其婚姻的，应当出具下列证明材料：

（一）本人的身份证、结婚证；

（二）能够证明受胁迫结婚的证明材料。

婚姻登记机关经审查认为受胁迫结婚的情况属实且不涉及子女抚养、财产及债务问题的，应当撤销该婚姻，宣告结婚证作废。

第三章 离婚登记

第十条 内地居民自愿离婚的，男女双方应当共同到一方当事人常住户口所在地的婚姻登记机关办理离婚登记。

中国公民同外国人在中国内地自愿离婚的，内地居民同香港居民、澳门居民、台湾居民、华侨在中国内地自愿离婚的，男女双方应当共同到内地居民常住户口所在地的婚姻登记机关办理离婚登记。

第十一条 办理离婚登记的内地居民应当出具下列证件和证明材料：

（一）本人的户口簿、身份证；

（二）本人的结婚证；

（三）双方当事人共同签署的离婚协议书。

办理离婚登记的香港居民、澳门居民、台湾居民、华侨、外国人除应当出具前款第（二）项、第（三）项规定的证件、证明材料外，香港居民、澳门居民、台湾居民还应当出具本人的有效通行证、身份证，华侨、外国人还应当出具本人的有效护照或者其他有效国际旅行证件。

离婚协议书应当载明双方当事人自愿离婚的意思表示以及对子女抚养、财产及债务处理等事项协商一致的意见。

第十二条 办理离婚登记的当事人有下列情形之一的，婚姻登记机关不予受理：

（一）未达成离婚协议的；

（二）属于无民事行为能力人或者限制民事行为能力人的；

（三）其结婚登记不是在中国内地办理的。

第十三条 婚姻登记机关应当对离婚登记当事人出具的证件、证明材料进行审查并询问相关情况。对当事人确属自愿离婚，并已对子女抚养、财产、债务等问题达成一致处理意见的，应当当场予以登记，发给离婚证。

第十四条 离婚的男女双方自愿恢复夫妻关系的，应当到婚姻登记机关办理复婚登记。复婚登记适用本条例结婚登记的规定。

第四章 婚姻登记档案和婚姻登记证

第十五条 婚姻登记机关应当建立婚姻登记档案。婚姻登记档案应当长期保管。具体管理办法由国务院民政部门会同国家档案管理部门规定。

第十六条 婚姻登记机关收到人民法院宣告婚姻无效或者撤销婚姻的判决书副本后，应当将该判决书副本收入当事人的婚姻登记档案。

第十七条 结婚证、离婚证遗失或者损毁的，当事人可以持户口簿、身份证向原办理婚姻登记的机关或者一方当事人常住户口所在地的婚姻登记机关申请补领。婚姻登记机关对当事人的婚姻登记档案进行查证，确认属实的，应当为当事人补发结婚证、离婚证。

第五章 罚 则

第十八条 婚姻登记机关及其婚姻登记员有下列行为之一的，对直接负责的主管人员和其他直接责任人员依法给予行政处分：

（一）为不符合婚姻登记条件的当事人办理婚姻登记的；

（二）玩忽职守造成婚姻登记档案损失的；

（三）办理婚姻登记或者补发结婚证、离婚证超过收费标准收取费用的。

违反前款第（三）项规定收取的费用，应当退还当事人。

第六章　附　　则

第十九条　中华人民共和国驻外使（领）馆可以依照本条例的有关规定，为男女双方均居住于驻在国的中国公民办理婚姻登记。

第二十条　本条例规定的婚姻登记证由国务院民政部门规定式样并监制。

第二十一条　当事人办理婚姻登记或者补领结婚证、离婚证应当交纳工本费。工本费的收费标准由国务院价格主管部门会同国务院财政部门规定并公布。

第二十二条　本条例自2003年10月1日起施行。1994年1月12日国务院批准、1994年2月1日民政部发布的《婚姻登记管理条例》同时废止。

民政部关于贯彻执行《婚姻登记条例》若干问题的意见

（2004 年 3 月 29 日　民函〔2004〕76 号）

各省、自治区、直辖市民政厅（局），计划单列市民政局，新疆生产建设兵团民政局：

为切实保障《婚姻登记条例》的贯彻实施，规范婚姻登记工作，方便当事人办理婚姻登记，经商国务院法制办公室、外交部、公安部、解放军总政治部等相关部门，现就《婚姻登记条例》贯彻执行过程中的若干问题提出以下处理意见：

一、关于身份证问题

当事人无法提交居民身份证的，婚姻登记机关可根据当事人出具的有效临时身份证办理婚姻登记。

二、关于户口簿问题

当事人无法出具居民户口簿的，婚姻登记机关可凭公安部门或有关户籍管理机构出具的加盖印章的户籍证明办理婚姻登记；当事人属于集体户口的，婚姻登记机关可凭集体户口簿内本人的户口卡片或加盖单位印章的记载其户籍情况的户口簿复印件办理婚姻登记。

当事人未办理落户手续的，户口迁出地或另一方当事人户口所在地的婚姻登记机关可凭公安部门或有关户籍管理机构出具的证明材料办理婚姻登记。

三、关于身份证、户口簿查验问题

当事人所持户口簿与身份证上的“姓名”、“性别”、“出生日期”内容不一致的，婚姻登记机关应告知当事人先到户籍所在地的公安部门履行相关项目变更和必要的证簿换领手续后再办理婚姻登记。

当事人声明的婚姻状况与户口簿“婚姻状况”内容不一致的，婚姻登记机关对当事人婚姻状况的审查主要依据其本人书面声明。

四、关于少数民族当事人提供的照片问题

为尊重少数民族的风俗习惯，少数民族当事人办理婚姻登记时提供的照片是否免冠从习俗。

五、关于离婚登记中的结婚证问题

申请办理离婚登记的当事人有一本结婚证丢失的，婚姻登记机关可根据另一本结婚证办理离婚登记；当事人两本结婚证都丢失的，婚姻登记机关可根据结婚登记档案或当事人提供的结婚登记记录证明等证明材料办理离婚登记。当事人应对结婚证丢失情况作出书面说明，该说明由婚姻登记机关存档。

申请办理离婚登记的当事人提供的结婚证上的姓名、出生日期、身份证号与身份证、户口簿不一致的，当事人应书面说明不一致的原因。

六、关于补领结婚证、离婚证问题

申请补领结婚证、离婚证的当事人出具的身份证、户口簿上的姓名、年龄、身份证号与原婚姻登记档案记载不一致的，当事人应书面说明不一致的原因，婚姻登记机关可根据当事人出具的身份证件补发结婚证、离婚证。

当事人办理结婚登记时未达法定婚龄，申请补领时仍未达法定婚龄的，婚姻登记机关不得补发结婚证。当事人办理结婚登记时未达法定婚龄，申请补领时已达法定婚龄的，当事人应对结婚登记情况作出书面说明；婚姻登记机关补发的结婚证登记日期应为当事人达到法定婚龄之日。

七、关于出国人员、华侨及港澳台居民结婚提交材料的问题

出国人员办理结婚登记应根据其出具的证件分情况处理：当事人出具身份证、户口簿作为身份证件的，按内地居民婚姻登记规定办理；当事人出具中国护照作为身份证件的，按华侨婚姻登记规定办理。

当事人以中国护照作为身份证件，在内地居住满一年、无法取得有关国家或我驻外使领馆出具的婚姻状况证明的，婚姻登记机关可根据当事人本人的相关情况声明及两个近亲属出具的有关当事人婚姻状况的证明办理结婚登记。

八、关于双方均非内地居民的结婚登记问题

双方均为外国人，要求在内地办理结婚登记的，如果当事人能够出具《婚姻登记条例》规定的相应证件和证明材料以及当事人本国承认其居民在国外办理结婚登记效力的证明，当事人工作或生活所在地具有办理涉外婚姻登记权限的登记机关应予受理。

一方为外国人、另一方为港澳台居民或华侨，或者双方均为港澳台居民或华侨，要求在内地办理结婚登记的，如果当事人能够出具《婚姻登记条例》规定的相应证件和证明材料，当事人工作或生活所在地具有相应办理婚姻登记权限的登记机关应予受理。

一方为出国人员、另一方为外国人、港澳台居民或华侨，或双方均为出国人员，要求在内地办理结婚登记的，如果当事人能够出具《婚姻登记条例》规定的相应证件和证明材料，出国人员出国前户口所在地具有相应办理婚姻登记权限的登记机关应予受理。

九、关于现役军人的婚姻登记问题

办理现役军人的婚姻登记仍按《民政部办公厅关于印发〈军队贯彻实施《中华人民共和国婚姻法》若干问题的规定〉有关内容的通知》（民办函〔2001〕226号）执行。

办理现役军人婚姻登记的机关可以是现役军人部队驻地所在地或户口注销前常住户口所在地的婚姻登记机关，也可以是非现役军人一方常住户口所在地的婚姻登记机关。

十、关于服刑人员的婚姻登记问题

服刑人员申请办理婚姻登记，应当亲自到婚姻登记机关提出申请并出具有效的身份证件；服刑人员无法出具身份证件的，可由监狱管理部门出具有关证明材料。

办理服刑人员婚姻登记的机关可以是一方当事人常住户口所在地或服刑监狱所在地的婚姻登记机关。

附件：

公安部关于对执行《婚姻登记条例》有关问题的意见的函

民政部办公厅：

你厅《关于执行〈婚姻登记条例〉有关问题的征求意见函》（民办函〔2003〕208 号）收悉。经研究，提出如下意见，供参考。

一、关于涉及临时身份证的问题。同意你厅的意见，即在申请婚姻登记的当事人暂时只能提供临时身份证的情况下，婚姻登记机关可凭此为其办理婚姻登记。

二、关于涉及居民户口簿的问题。同意你厅的意见，即对于当事人因诸多原因确实无法提供居民户口簿的，可凭公安派出所或厂矿企业户籍管理机构出具的加盖单位印章的户籍证明申请办理婚姻登记；对于当事人入集体户口的，可凭该单位集体户口簿内本人的户口卡片或加盖单位印章的记载其户籍情况的户口簿复印件申请办理婚姻登记。

三、关于涉及蓝印户口簿的问题。蓝印户口是一些地方依据现行“非农业户口”和“农业户口”二元户口管理结构衍生制定的一类户口。随着户籍管理制度改革的深入，这一户口类别将逐步被取消。同时，按照现行户籍登记管理的法律规定，公民在办理户口迁移手续时，迁出地公安机关应先予其迁出地户口，缴销其迁出地居民户口簿。因此，对于个别地方同时持有蓝印户口簿及迁出地居民户口簿的当事人，婚姻登记机关应依据其蓝印户口簿办理婚姻登记。

四、关于未办理落户手续的当事人申请办理婚姻登记的问题。同意你厅的意见，即未办理落户手续的当事人可凭相关证明在户口迁出地婚姻登记机关申请办理婚姻登记。

五、关于居民户口簿和居民身份证中记载的公民“姓名”或“出生日期”的内容不一致的问题。我们认为，居民户口簿和居民身份证均具有证明公民身份的法律效力，但公民居民身份证的登记内容应以其居民户口簿的登记内容为依据。因此，对于当事人所持居民户口簿与居民身份证上的“姓名”或“出生日期”项目内容不一致的，当事人应在户籍所在地公安机关履行户口登记项目变更更正和必要的证簿换领手续后，方可至婚姻登记机关申请办理婚姻登记。

六、关于公民居民户口簿“婚姻状况”的记载内容与本人声明的婚姻状况不一致的问题。基本同意你办的意见，即对于当事人的实际婚姻状况与居民户口簿“婚姻状况”项目内容不一致的，婚姻登记机关对当事人婚姻状况的审查应主要依据其本人书面声明，其居民户口簿“婚姻状况”项目内容仅作参考。同时，婚姻登记机关在办理当事人婚姻登记手续后，应通知当事人到其户籍所在地公安机关办理居民户口簿婚姻登记项目的变更手续。

特此函告。

民政部关于做好出具（无）婚姻登记记录证明服务工作的指导意见

（2012 年 6 月 18 日　民发〔2012〕99 号）

各省、自治区、直辖市民政厅（局），各计划单列市民政局，新疆生产建设兵团民政局：

近年来，随着我国经济社会的快速发展，因房产交易、银行信贷、遗产继承、出国定居等原因，需要当事人提供婚姻状况证明的情形不断增加。为满足群众现实需求，各地婚姻登记机关陆续开展了出具《无婚姻登记记录证明》、《婚姻登记记录证明》服务工作。当前，各地出具证明的数量日趋增多，所出具证明在城乡居民生活中的作用也日益突显。为切实做好此项服务工作，经征得最高人民法院、国务院法制办同意，现提出以下意见：

一、受理机关

申请出具《无婚姻登记记录证明》的，由当事人常住户口所在地的婚姻登记机关受理；军人申请出具《无婚姻登记记录证明》的，由军人部队驻地所在地的婚姻登记机关受理。申请出具《婚姻登记记录证明》的，由为当事人办理婚姻登记的婚姻登记机关受理。省（自治区、直辖市）或者设区的市可根据本地婚姻登记信息联网及历史数据补录情况，按照便民原则放宽出具证明的受理机关。

二、申请人

申请出具证明的当事人应达到我国法定婚龄并亲自到婚姻登记机关提出申请。当事人无法亲自到婚姻登记机关提出申请的，可以委托他人办理。当事人为限制民事行为能力人或无民事行为能力人的，其监护人可以提出申请。当事人已经死亡的，其近亲属、与当事人有继承关系的其他人可以提出申请。

其中，近亲属包括配偶、父母、子女、兄弟姐妹、祖父母、外祖父母、孙子女、外孙子女。

三、提供证件材料

申请人应在婚姻登记机关填写并提交《申请出具〈无婚姻登记记录证明〉声明书》（格式见附件1）或《申请出具〈婚姻登记记录证明〉声明书》（格式见附件2），同时提供以下证件材料：

当事人亲自到婚姻登记机关提出申请的，应提供本人户口簿和居民身份证（军人出具《军官证》等军人身份证件，华侨、外国人提供有效护照，香港居民、澳门居民、台湾居民提供有效通行证、身份证，下同）；

当事人委托他人申请的，受托人应提供本人居民身份证、委托人户口簿和居民身份证原件以及委托人写明具体委托事项的委托书；受托人不能提供委托人户口簿和居民身份证原件的，应提供委托人户口簿、居民身份证复印件和经公证机关公证的写明具体委托事项的委托书；

监护人提出申请的，监护人应提供本人居民身份证、当事人户口簿和居民身份证、当事人为限制民事行为能力人或无民事行为能力人的证明、申请人与当事人有监护关系的证明；

当事人死亡，其近亲属提出申请的，近亲属应提供本人居民身份证、当事人死亡证明、申请人与当事人有近亲属关系的证明；当事人死亡，与当事人有继承关系的其他人提出申请的，应提供本人居民身份证、当事人死亡证明、申请人与当事人有继承关系的证明。

申请出具当事人离婚、丧偶后《无婚姻登记记录证明》的，申请人还应提供当事人离婚证明或丧偶证明。

上述限制民事行为能力或无民事行为能力证明包括医院或村（居）民委员会等出具的证明；监护关系证明、近亲属关系证明包括户口簿上的记载，单位或村（居）民委员会等出具的证明；死亡证明包括公安、医院、村（居）民委员会等出具的证明；继承关系证明包括涉及继承关系的判决书、公证书等生效法律文书。涉及民事行为能力、监护关系、宣告死亡的生效法律文书可作为相关证明使用。

四、出具证明

婚姻登记机关根据申请人的申请及声明，经查阅婚姻登记电子档案、纸质档案，出具《无婚姻登记记录证明》（格式见附件3）或《婚姻登记记录证明》（格式见附件4）。

婚姻登记机关出具证明时查阅起始时间为婚姻登记机关保存电子档案或纸质档案起始之日。当事人离婚、丧偶后申请出具《无婚姻登记记录证明》的，查阅起始时间为当事人离婚、丧偶之日。查阅截止时间为婚姻登记机关出证前一日。当事人户口发生过迁移的，由原户口所在地、现户口所在地婚姻登记机关根据户口迁出、迁入时间出具证明；现户口所在地与原户口所在地婚姻登记信息已联网的，可由现户口所在地婚姻登记机关出具证明。

申请人声明的婚姻状况或婚姻登记信息与查阅信息不符的，婚姻登记机关不得出具证明。

五、编号及存档

婚姻登记机关出具《无婚姻登记记录证明》《婚姻登记记录证明》统一编号为 Zaaaaaa - bbbb - ccccc，其中“aaaaaa”为 6 位行政区划代码，“bbbb”为当年年号，“ccccc”为当年出具证明的序号。乡镇人民政府婚姻登记机关行政区划代码改为 9 位。

出具证明工作中形成的材料应当归档，其中申请人提供的身份证件、死亡证明等证件证明材料留存复印件，申请人声明书、委托书等材料留存原件，婚姻登记机关出具的《无婚姻登记记录证明》、《婚姻登记记录证明》复印件（或一式两份的原件）一并归档。归档材料保存期限不少于 2 年。

各地可依据本意见精神，根据当地工作实际，从解决群众需求、方便群众办事的原则出发，制定具体实施方案并指导基层妥善处理个案，并采取有效措施为出具证明工作提供有力支持，推动出具证明工作有序开展。各级民政部门应加快补录婚姻登记历史数据，推进婚姻登记信息联网，同时加强与主要用证部门的协商，通过建立部门间婚姻信息核证共享机制，提高工作效率和工作质量，进一步体现为民服务理念。

附件：1. 申请出具《无婚姻登记记录证明》声明书（式样）（略）
2. 申请出具《婚姻登记记录证明》声明书（式样）（略）
3. 无婚姻登记记录证明（式样）（略）
4. 婚姻登记记录证明（式样）（略）

民政部关于进一步规范（无）婚姻登记记录证明相关工作的通知

（2015 年 8 月 27 日 民函〔2015〕266 号）

各省、自治区、直辖市民政厅（局），各计划单列市民政局，新疆生产建设兵团民政局：

为落实国务院简政放权、方便群众办事创业的有关要求，经与教育部、公安部、司法部、住房和城乡建设部、银监会协商，现就进一步规范（无）婚姻登记记录证明相关工作通知如下：

一、自文件发布之日起，除对涉台和本通知附件所列清单中已列出国家的公证事项仍可继续出具证明外，各地民政部门不再向任何部门和个人出具（无）婚姻登记记录证明。各地民政部门在出具证明时，应当根据当事人所涉事项，在出具证明中注明“本证明仅限于××（申请人）办理赴××国家（或者台湾地区）的×××公证事项使用，用于其他事项无效”。

二、各地要高度重视婚姻登记信息化建设工作，确保按时完成《民政部关于加强婚姻登记信息化建设的通知》（民函〔2013〕183 号）确定的各项任务。省级民政部门要切实加大资金、人力投入，不断完善本省（区、市）婚姻登记信息数据库。各级婚姻登记机关要加快纸质历史数据补录工作进度，为有法律法规依据的部门核对当事人的婚姻登记记录情况提供有力支撑。

三、做好政策落实和宣传工作。各地要从转变政府职能、方便群众办事创业和坚持依法行政的角度，统一思想认识，采取有效措施确保此项工作落实到位。会同相关部门落实部门间信息核对的具体措施，使此项简政放权的工作真正惠及广大人民群众。按照政务公开的要求，在办事窗口（大厅）公告取消（无）婚姻登记记录证明的相关规定，并通过多种渠道特别是微信、微博、互联网等新媒体大力宣传，营造良好的社会舆论氛围。

附件：

涉外领域需出具（无）婚姻登记记录证明国家清单

哈萨克斯坦
芬兰
奥地利
荷兰
德国
阿根廷
乌拉圭
墨西哥
波兰

注：民政部将根据今后情况变化对清单中所列国家及时进行动态调整，并通知各地民政部门。

民政部关于印发《婚姻登记工作规范》的通知

（2015 年 12 月 8 日　民发〔2015〕230 号）

各省、自治区、直辖市民政厅（局），各计划单列市民政局，新疆生产建设兵团民政局：

为进一步规范婚姻登记工作，我部对《婚姻登记工作暂行规范》进行了修订，现予印发，请认真贯彻执行。

婚姻登记工作规范

第一章　总　　则

第一条　为加强婚姻登记规范化管理，维护婚姻当事人的合法权益，根据《中华人民共和国婚姻法》和《婚姻登记条例》，制定本规范。

第二条　各级婚姻登记机关应当依照法律、法规及本规范，认真履行职责，做好婚姻登记工作。

第二章　婚姻登记机关

第三条　婚姻登记机关是依法履行婚姻登记行政职能的机关。

第四条　婚姻登记机关履行下列职责：

（一）办理婚姻登记；

（二）补发婚姻登记证；

（三）撤销受胁迫的婚姻；

（四）建立和管理婚姻登记档案；

（五）宣传婚姻法律法规，倡导文明婚俗。

第五条 婚姻登记管辖按照行政区域划分。

（一）县、不设区的市、市辖区人民政府民政部门办理双方或者一方常住户口在本行政区域内的内地居民之间的婚姻登记。

省级人民政府可以根据实际情况，规定乡（镇）人民政府办理双方或者一方常住户口在本乡（镇）的内地居民之间的婚姻登记。

（二）省级人民政府民政部门或者其确定的民政部门，办理一方常住户口在辖区内的涉外和涉香港、澳门、台湾居民以及华侨的婚姻登记。

办理经济技术开发区、高新技术开发区等特别区域内居民婚姻登记的机关由省级人民政府民政部门提出意见报同级人民政府确定。

（三）现役军人由部队驻地、入伍前常住户口所在地或另一方当事人常住户口所在地婚姻登记机关办理婚姻登记。

婚姻登记机关不得违反上述规定办理婚姻登记。

第六条 具有办理婚姻登记职能的县级以上人民政府民政部门和乡（镇）人民政府应当按照本规范要求设置婚姻登记处。

省级人民政府民政部门设置、变更或撤销婚姻登记处，应当形成文件并对外公布；市、县（市、区）人民政府民政部门、乡（镇）人民政府设置、变更或撤销婚姻登记处，应当形成文件，对外公布并逐级上报省级人民政府民政部门。省级人民政府民政部门应当相应调整婚姻登记信息系统使用相关权限。

第七条 省、市、县（市、区）人民政府民政部门和乡镇人民政府设置的婚姻登记处分别称为：

××省（自治区、直辖市）民政厅（局）婚姻登记处，××市民政局婚姻登记处，××县（市）民政局婚姻登记处；

××市××区民政局婚姻登记处；

××县（市、区）××乡（镇）人民政府婚姻登记处。

县、不设区的市、市辖区人民政府民政部门设置多个婚姻登记处的，应当在婚姻登记处前冠其所在地的地名。

第八条　婚姻登记处应当在门外醒目处悬挂婚姻登记处标牌。标牌尺寸不得小于1500mm×300mm或550mm×450mm。

第九条　婚姻登记处应当按照民政部要求，使用全国婚姻登记工作标识。

第十条　具有办理婚姻登记职能的县级以上人民政府民政部门和乡（镇）人民政府应当刻制婚姻登记工作业务专用印章和钢印。专用印章和钢印为圆形，直径35 mm。

婚姻登记工作业务专用印章和钢印，中央刊“★”，“★”外围刊婚姻登记处所属民政厅（局）或乡（镇）人民政府名称，如：“××省民政厅”、“××市民政局”、“××市××区民政局”、“××县民政局”或者“××县××乡（镇）人民政府”。

“★”下方刊“婚姻登记专用章”。民政局设置多个婚姻登记处的，“婚姻登记专用章”下方刊婚姻登记处序号。

第十一条　婚姻登记处应当有独立的场所办理婚姻登记，并设有候登大厅、结婚登记区、离婚登记室和档案室。结婚登记区、离婚登记室可合并为相应数量的婚姻登记室。

婚姻登记场所应当宽敞、庄严、整洁，设有婚姻登记公告栏。

婚姻登记处不得设在婚纱摄影、婚庆服务、医疗等机构场所内，上述服务机构不得设置在婚姻登记场所内。

第十二条　婚姻登记处应当配备以下设备：

（一）复印机；

（二）传真机；

（三）扫描仪；

（四）证件及纸张打印机；

（五）计算机；

（六）身份证阅读器。

第十三条　婚姻登记处可以安装具有音频和视频功能的设备，并妥善保管音频和视频资料。

婚姻登记场所应当配备必要的公共服务设施，婚姻登记当事人应当按照要求合理使用。

第十四条 婚姻登记处实行政务公开，下列内容应当在婚姻登记处公开展示：

（一）本婚姻登记处的管辖权及依据；

（二）婚姻法的基本原则以及夫妻的权利、义务；

（三）结婚登记、离婚登记的条件与程序；

（四）补领婚姻登记证的条件与程序；

（五）无效婚姻及可撤销婚姻的规定；

（六）收费项目与收费标准；

（七）婚姻登记员职责及其照片、编号；

（八）婚姻登记处办公时间和服务电话，设置多个婚姻登记处的，应当同时公布，巡回登记的，应当公布巡回登记时间和地点；

（九）监督电话。

第十五条 婚姻登记处应当备有《中华人民共和国婚姻法》、《婚姻登记条例》及其他有关文件，供婚姻当事人免费查阅。

第十六条 婚姻登记处在工作日应当对外办公，办公时间在办公场所外公告。

第十七条 婚姻登记处应当通过省级婚姻登记信息系统开展实时联网登记，并将婚姻登记电子数据实时传送给民政部婚姻登记信息系统。

各级民政部门应当为本行政区域内婚姻登记管理信息化建设创造条件，并制定婚姻登记信息化管理制度。

婚姻登记处应当将保存的本辖区未录入信息系统的婚姻登记档案录入婚姻登记历史数据补录系统。

第十八条 婚姻登记处应当按照《婚姻登记档案管理办法》的规定管理婚姻登记档案。

第十九条 婚姻登记处应当制定婚姻登记印章、证书、纸制档案、电子档案等管理制度，完善业务学习、岗位责任、考评奖惩等制度。

第二十条　婚姻登记处应当开通婚姻登记网上预约功能和咨询电话，电话号码在当地114查询台登记。

具备条件的婚姻登记处应当开通互联网网页，互联网网页内容应当包括：办公时间、办公地点；管辖权限；申请结婚登记的条件、办理结婚登记的程序；申请离婚登记的条件、办理离婚登记的程序；申请补领婚姻登记证的程序和需要的证明材料、撤销婚姻的程序等内容。

第二十一条　婚姻登记处可以设立婚姻家庭辅导室，通过政府购买服务或公开招募志愿者等方式聘用婚姻家庭辅导员，并在坚持群众自愿的前提下，开展婚姻家庭辅导服务。婚姻家庭辅导员应当具备以下资格之一：

（一）社会工作师；

（二）心理咨询师；

（三）律师；

（四）其他相应专业资格。

第二十二条　婚姻登记处可以设立颁证厅，为有需要的当事人颁发结婚证。

第三章　婚姻登记员

第二十三条　婚姻登记机关应当配备专职婚姻登记员。婚姻登记员人数、编制可以参照《婚姻登记机关等级评定标准》确定。

第二十四条　婚姻登记员由本级民政部门考核、任命。

婚姻登记员应当由设区的市级以上人民政府民政部门进行业务培训，经考核合格，取得婚姻登记员培训考核合格证明，方可从事婚姻登记工作。其他人员不得从事本规范第二十五条规定的工作。

婚姻登记员培训考核合格证明由省级人民政府民政部门统一印制。

婚姻登记员应当至少每2年参加一次设区的市级以上人民政府民政部门举办的业务培训，取得业务培训考核合格证明。

婚姻登记处应当及时将婚姻登记员上岗或离岗信息逐级上报省级人民

政府民政部门，省级人民政府民政部门应当根据上报的信息及时调整婚姻登记信息系统使用相关权限。

第二十五条 婚姻登记员的主要职责：

（一）负责对当事人有关婚姻状况声明的监誓；

（二）审查当事人是否具备结婚、离婚、补发婚姻登记证、撤销受胁迫婚姻的条件；

（三）办理婚姻登记手续，签发婚姻登记证；

（四）建立婚姻登记档案。

第二十六条 婚姻登记员应当熟练掌握相关法律法规，熟练使用婚姻登记信息系统，文明执法，热情服务。婚姻登记员一般应具有大学专科以上学历。

婚姻登记员上岗应当佩带标识并统一着装。

第四章 结婚登记

第二十七条 结婚登记应当按照初审—受理—审查—登记（发证）的程序办理。

第二十八条 受理结婚登记申请的条件是：

（一）婚姻登记处具有管辖权；

（二）要求结婚的男女双方共同到婚姻登记处提出申请；

（三）当事人男年满22周岁，女年满20周岁；

（四）当事人双方均无配偶（未婚、离婚、丧偶）；

（五）当事人双方没有直系血亲和三代以内旁系血亲关系；

（六）双方自愿结婚；

（七）当事人提交3张2寸双方近期半身免冠合影照片；

（八）当事人持有本规范第二十九条至第三十五条规定的有效证件。

第二十九条 内地居民办理结婚登记应当提交本人有效的居民身份证和户口簿，因故不能提交身份证的可以出具有效的临时身份证。

居民身份证与户口簿上的姓名、性别、出生日期、公民身份号码应当一致；不一致的，当事人应当先到有关部门更正。

户口簿上的婚姻状况应当与当事人声明一致。不一致的，当事人应当向登记机关提供能够证明其声明真实性的法院生效司法文书、配偶居民死亡医学证明（推断）书等材料；不一致且无法提供相关材料的，当事人应当先到有关部门更正。

当事人声明的婚姻状况与婚姻登记档案记载不一致的，当事人应当向登记机关提供能够证明其声明真实性的法院生效司法文书、配偶居民死亡医学证明（推断）书等材料。

第三十条 现役军人办理结婚登记应当提交本人的居民身份证、军人证件和部队出具的军人婚姻登记证明。

居民身份证、军人证件和军人婚姻登记证明上的姓名、性别、出生日期、公民身份号码应当一致；不一致的，当事人应当先到有关部门更正。

第三十一条 香港居民办理结婚登记应当提交：

（一）港澳居民来往内地通行证或者港澳同胞回乡证；

（二）香港居民身份证；

（三）经香港委托公证人公证的本人无配偶以及与对方当事人没有直系血亲和三代以内旁系血亲关系的声明。

第三十二条 澳门居民办理结婚登记应当提交：

（一）港澳居民来往内地通行证或者港澳同胞回乡证；

（二）澳门居民身份证；

（三）经澳门公证机构公证的本人无配偶以及与对方当事人没有直系血亲和三代以内旁系血亲关系的声明。

第三十三条 台湾居民办理结婚登记应当提交：

（一）台湾居民来往大陆通行证或者其他有效旅行证件；

（二）本人在台湾地区居住的有效身份证；

（三）经台湾公证机构公证的本人无配偶以及与对方当事人没有直系血亲和三代以内旁系血亲关系的声明。

第三十四条 华侨办理结婚登记应当提交：

（一）本人的有效护照；

（二）居住国公证机构或者有权机关出具的、经中华人民共和国驻该国使（领）馆认证的本人无配偶以及与对方当事人没有直系血亲和三代以内旁系血亲关系的证明，或者中华人民共和国驻该国使（领）馆出具的本人无配偶以及与对方当事人没有直系血亲和三代以内旁系血亲关系的证明。

与中国无外交关系的国家出具的有关证明，应当经与该国及中国均有外交关系的第三国驻该国使（领）馆和中国驻第三国使（领）馆认证，或者经第三国驻华使（领）馆认证。

第三十五条　外国人办理结婚登记应当提交：

（一）本人的有效护照或者其他有效的国际旅行证件；

（二）所在国公证机构或者有权机关出具的、经中华人民共和国驻该国使（领）馆认证或者该国驻华使（领）馆认证的本人无配偶的证明，或者所在国驻华使（领）馆出具的本人无配偶证明。

与中国无外交关系的国家出具的有关证明，应当经与该国及中国均有外交关系的第三国驻该国使（领）馆和中国驻第三国使（领）馆认证，或者经第三国驻华使（领）馆认证。

第三十六条　婚姻登记员受理结婚登记申请，应当按照下列程序进行：

（一）询问当事人的结婚意愿；

（二）查验本规范第二十九条至第三十五条规定的相应证件和材料；

（三）自愿结婚的双方各填写一份《申请结婚登记声明书》；《申请结婚登记声明书》中“声明人”一栏的签名必须由声明人在监誓人面前完成并按指纹；

（四）当事人现场复述声明书内容，婚姻登记员作监誓人并在监誓人一栏签名。

第三十七条　婚姻登记员对当事人提交的证件、证明、声明进行审查，符合结婚条件的，填写《结婚登记审查处理表》和结婚证。

第三十八条 《结婚登记审查处理表》的填写：

（一）《结婚登记审查处理表》项目的填写，按照下列规定通过计算机完成：

1. “申请人姓名”：当事人是中国公民的，使用中文填写；当事人是外国人的，按照当事人护照上的姓名填写。

2. “出生日期”：使用阿拉伯数字，按照身份证件上的出生日期填写为“××××年××月××日”。

3. “身份证件号”：当事人是内地居民的，填写居民身份证号；当事人是香港、澳门、台湾居民的，填写香港、澳门、台湾居民身份证号，并在号码后加注“（香港）”、“（澳门）”或者“（台湾）”；当事人是华侨的，填写护照或旅行证件号；当事人是外国人的，填写当事人的护照或旅行证件号。

证件号码前面有字符的，应当一并填写。

4. “国籍”：当事人是内地居民、香港居民、澳门居民、台湾居民、华侨的，填写“中国”；当事人是外国人的，按照护照上的国籍填写；无国籍人，填写“无国籍”。

5. “提供证件情况”：应当将当事人提供的证件、证明逐一填写，不得省略。

6. “审查意见”：填写“符合结婚条件，准予登记”。

7. “结婚登记日期”：使用阿拉伯数字，填写为：“××××年××月××日”。填写的日期应当与结婚证上的登记日期一致。

8. “结婚证字号”填写式样按照民政部相关规定执行，填写规则见附则。

9. “结婚证印制号”填写颁发给当事人的结婚证上印制的号码。

10. “承办机关名称”：填写承办该结婚登记的婚姻登记处的名称。

（二）“登记员签名”：由批准该结婚登记的婚姻登记员亲笔签名，不得使用个人印章或者计算机打印。

（三）在“照片”处粘贴当事人提交的照片，并在骑缝处加盖钢印。

第三十九条 结婚证的填写：

（一）结婚证上“结婚证字号”“姓名”“性别”“出生日期”“身份证件号”“国籍”“登记日期”应当与《结婚登记审查处理表》中相应项目完全一致。

（二）“婚姻登记员”：由批准该结婚登记的婚姻登记员使用黑色墨水钢笔或签字笔亲笔签名，签名应清晰可辨，不得使用个人印章或者计算机打印。

（三）在“照片”栏粘贴当事人双方合影照片。

（四）在照片与结婚证骑缝处加盖婚姻登记工作业务专用钢印。

（五）“登记机关”：盖婚姻登记工作业务专用印章（红印）。

第四十条 婚姻登记员在完成结婚证填写后，应当进行认真核对、检查。对填写错误、证件被污染或者损坏的，应当将证件报废处理，重新填写。

第四十一条 颁发结婚证，应当在当事人双方均在场时按照下列步骤进行：

（一）向当事人双方询问核对姓名、结婚意愿；

（二）告知当事人双方领取结婚证后的法律关系以及夫妻权利、义务；

（三）见证当事人本人亲自在《结婚登记审查处理表》上的“当事人领证签名并按指纹”一栏中签名并按指纹；

“当事人领证签名并按指纹”一栏不得空白，不得由他人代为填写、代按指纹。

（四）将结婚证分别颁发给结婚登记当事人双方，向双方当事人宣布：取得结婚证，确立夫妻关系；

（五）祝贺新人。

第四十二条 申请补办结婚登记的，当事人填写《申请补办结婚登记声明书》，婚姻登记机关按照结婚登记程序办理。

第四十三条 申请复婚登记的，当事人填写《申请结婚登记声明书》，婚姻登记机关按照结婚登记程序办理。

第四十四条 婚姻登记员每办完一对结婚登记，应当依照《婚姻登记档案管理办法》，对应当存档的材料进行整理、保存，不得出现原始材料丢失、损毁情况。

第四十五条 婚姻登记机关对不符合结婚登记条件的，不予受理。当事人要求出具《不予办理结婚登记告知书》的，应当出具。

第五章 撤销婚姻

第四十六条 受胁迫结婚的婚姻当事人，可以向原办理该结婚登记的机关请求撤销婚姻。

第四十七条 撤销婚姻应当按照初审—受理—审查—报批—公告的程序办理。

第四十八条 受理撤销婚姻申请的条件：

（一）婚姻登记处具有管辖权；

（二）受胁迫的一方和对方共同到婚姻登记机关签署双方无子女抚养、财产及债务问题的声明书；

（三）申请时距结婚登记之日或受胁迫的一方恢复人身自由之日不超过1年；

（四）当事人持有：

1. 本人的身份证、结婚证；

2. 要求撤销婚姻的书面申请；

3. 公安机关出具的当事人被拐卖、解救的相关材料，或者人民法院作出的能够证明当事人被胁迫结婚的判决书。

第四十九条 符合撤销婚姻的，婚姻登记处按以下程序进行：

（一）查验本规范第四十八条规定的证件和证明材料。

（二）当事人在婚姻登记员面前亲自填写《撤销婚姻申请书》，双方当事人在“声明人”一栏签名并按指纹。

（三）当事人宣读本人的申请书，婚姻登记员作监誓人并在监誓人一栏签名。

第五十条 婚姻登记处拟写“关于撤销×××与×××婚姻的决定”报所属民政部门或者乡（镇）人民政府；符合撤销条件的，婚姻登记机关应当批准，并印发撤销决定。

第五十一条 婚姻登记处应当将《关于撤销×××与×××婚姻的决定》送达当事人双方，并在婚姻登记公告栏公告30日。

第五十二条 婚姻登记处对不符合撤销婚姻条件的，应当告知当事人不予撤销原因，并告知当事人可以向人民法院请求撤销婚姻。

第五十三条 除受胁迫结婚之外，以任何理由请求宣告婚姻无效或者撤销婚姻的，婚姻登记机关不予受理。

第六章 离婚登记

第五十四条 离婚登记按照初审—受理—审查—登记（发证）的程序办理。

第五十五条 受理离婚登记申请的条件是：

（一）婚姻登记处具有管辖权；

（二）要求离婚的夫妻双方共同到婚姻登记处提出申请；

（三）双方均具有完全民事行为能力；

（四）当事人持有离婚协议书，协议书中载明双方自愿离婚的意思表示以及对子女抚养、财产及债务处理等事项协商一致的意见；

（五）当事人持有内地婚姻登记机关或者中国驻外使（领）馆颁发的结婚证；

（六）当事人各提交2张2寸单人近期半身免冠照片；

（七）当事人持有本规范第二十九条至第三十五条规定的有效身份证件。

第五十六条 婚姻登记员受理离婚登记申请，应当按照下列程序进行：

（一）分开询问当事人的离婚意愿，以及对离婚协议内容的意愿，并进行笔录，笔录当事人阅后签名。

（二）查验本规范第五十五条规定的证件和材料。申请办理离婚登记的当事人有一本结婚证丢失的，当事人应当书面声明遗失，婚姻登记机关可以根据另一本结婚证办理离婚登记；申请办理离婚登记的当事人两本结婚证都丢失的，当事人应当书面声明结婚证遗失并提供加盖查档专用章的结婚登记档案复印件，婚姻登记机关可根据当事人提供的上述材料办理离婚登记。

（三）双方自愿离婚且对子女抚养、财产及债务处理等事项协商一致的，双方填写《申请离婚登记声明书》；

《申请离婚登记声明书》中“声明人”一栏的签名必须由声明人在监誓人面前完成并按指纹；

婚姻登记员作监誓人并在监誓人一栏签名。

（四）夫妻双方应当在离婚协议上现场签名；婚姻登记员可以在离婚协议书上加盖“此件与存档件一致，涂改无效。××××婚姻登记处××年××月××日”的长方形印章。协议书夫妻双方各一份，婚姻登记处存档一份。当事人因离婚协议书遗失等原因，要求婚姻登记机关复印其离婚协议书的，按照《婚姻登记档案管理办法》的规定查阅婚姻登记档案。

离婚登记完成后，当事人要求更换离婚协议书或变更离婚协议内容的，婚姻登记机关不予受理。

第五十七条　婚姻登记员对当事人提交的证件、《申请离婚登记声明书》、离婚协议书进行审查，符合离婚条件的，填写《离婚登记审查处理表》和离婚证。

《离婚登记审查处理表》和离婚证分别参照本规范第三十八条、第三十九条规定填写。

第五十八条　婚姻登记员在完成离婚证填写后，应当进行认真核对、检查。对打印或者书写错误、证件被污染或者损坏的，应当将证件报废处理，重新填写。

第五十九条　颁发离婚证，应当在当事人双方均在场时按照下列步骤进行：

（一）向当事人双方询问核对姓名、出生日期、离婚意愿；

（二）见证当事人本人亲自在《离婚登记审查处理表》“当事人领证签名并按指纹”一栏中签名并按指纹；

“当事人领证签名并按指纹”一栏不得空白，不得由他人代为填写、代按指纹；

（三）在当事人的结婚证上加盖条型印章，其中注明“双方离婚，证件失效。××婚姻登记处”。注销后的结婚证复印存档，原件退还当事人；

（四）将离婚证颁发给离婚当事人。

第六十条 婚姻登记员每办完一对离婚登记，应当依照《婚姻登记档案管理办法》，对应当存档的材料进行整理、保存，不得出现原始材料丢失、损毁情况。

第六十一条 婚姻登记机关对不符合离婚登记条件的，不予受理。当事人要求出具《不予办理离婚登记告知书》的，应当出具。

第七章 补领婚姻登记证

第六十二条 当事人遗失、损毁婚姻登记证，可以向原办理该婚姻登记的机关或者一方常住户口所在地的婚姻登记机关申请补领。有条件的省份，可以允许本省居民向本辖区内负责内地居民婚姻登记的机关申请补领婚姻登记证。

第六十三条 婚姻登记机关为当事人补发结婚证、离婚证，应当按照初审—受理—审查—发证程序进行。

第六十四条 受理补领结婚证、离婚证申请的条件是：

（一）婚姻登记处具有管辖权；

（二）当事人依法登记结婚或者离婚，现今仍然维持该状况；

（三）当事人持有本规范第二十九条至第三十五条规定的身份证件；

（四）当事人亲自到婚姻登记处提出申请，填写《申请补领婚姻登记证声明书》。

当事人因故不能到婚姻登记处申请补领婚姻登记证的，有档案可查且档案信息与身份信息一致的，可以委托他人办理。委托办理应当提交当事人的户口簿、身份证和经公证机关公证的授权委托书。委托书应当写明当事人姓名、身份证件号码、办理婚姻登记的时间及承办机关、目前的婚姻状况、委托事由、受委托人的姓名和身份证件号码。受委托人应当同时提交本人的身份证件。

当事人结婚登记档案查找不到的，当事人应当提供充分证据证明婚姻关系，婚姻登记机关经过严格审查，确认当事人存在婚姻关系的，可以为其补领结婚证。

第六十五条　婚姻登记员受理补领婚姻登记证申请，应当按照下列程序进行：

（一）查验本规范第六十四条规定的相应证件和证明材料；

（二）当事人填写《申请补领婚姻登记证声明书》，《申请补领婚姻登记证声明书》中“声明人”一栏的签名必须由声明人在监誓人面前完成并按指纹；

（三）婚姻登记员作监誓人并在监誓人一栏签名；

（四）申请补领结婚证的，双方当事人提交3张2寸双方近期半身免冠合影照片；申请补领离婚证的当事人提交2张2寸单人近期半身免冠照片。

第六十六条　婚姻登记员对当事人提交的证件、证明进行审查，符合补发条件的，填写《补发婚姻登记证审查处理表》和婚姻登记证。《补发婚姻登记证审查处理表》参照本规范第三十八条规定填写。

第六十七条　补发婚姻登记证时，应当向当事人询问核对姓名、出生日期，见证当事人本人亲自在《补发婚姻登记证审查处理表》“当事人领证签名并按指纹”一栏中签名并按指纹，将婚姻登记证发给当事人。

第六十八条　当事人的户口簿上以曾用名的方式反映姓名变更的，婚姻登记机关可以采信。

当事人办理结婚登记时未达到法定婚龄，通过非法手段骗取婚姻登记，其在申请补领时仍未达法定婚龄的，婚姻登记机关不得补发结婚证；其在申请补领时已达法定婚龄的，当事人应对结婚登记情况作出书面说明，婚姻登记机关补发的结婚证登记日期为当事人达到法定婚龄之日。

第六十九条 当事人办理过结婚登记，申请补领时的婚姻状况因离婚或丧偶发生改变的，不予补发结婚证；当事人办理过离婚登记的，申请补领时的婚姻状况因复婚发生改变的，不予补发离婚证。

第七十条 婚姻登记机关对不具备补发结婚证、离婚证受理条件的，不予受理。

第八章 监督与管理

第七十一条 各级民政部门应当建立监督检查制度，定期对本级民政部门设立的婚姻登记处和下级婚姻登记机关进行监督检查。

第七十二条 婚姻登记机关及其婚姻登记员有下列行为之一的，对直接负责的主管人员和其他直接责任人员依法给予行政处分：

（一）为不符合婚姻登记条件的当事人办理婚姻登记的；

（二）违反程序规定办理婚姻登记、发放婚姻登记证、撤销婚姻的；

（三）要求当事人提交《婚姻登记条例》和本规范规定以外的证件材料的；

（四）擅自提高收费标准或者增加收费项目的；

（五）玩忽职守造成婚姻登记档案损毁的；

（六）购买使用伪造婚姻证书的；

（七）违反规定应用婚姻登记信息系统的。

第七十三条 婚姻登记员违反规定办理婚姻登记，给当事人造成严重后果的，应当由婚姻登记机关承担对当事人的赔偿责任，并对承办人员进行追偿。

第七十四条 婚姻登记证使用单位不得使用非上级民政部门提供的婚姻登记证。各级民政部门发现本行政区域内有使用非上级民政部门提供的婚姻登记证的，应当予以没收，并追究相关责任人的法律责任和行政责任。

第七十五条 婚姻登记机关发现婚姻登记证有质量问题时，应当及时书面报告省级人民政府民政部门或者国务院民政部门。

第七十六条 人民法院作出与婚姻相关的判决、裁定和调解后，当事人将生效司法文书送婚姻登记机关的，婚姻登记机关应当将司法文书复印件存档并将相关信息录入婚姻登记信息系统。

婚姻登记机关应当加强与本地区人民法院的婚姻信息共享工作，完善婚姻信息数据库。

第九章 附 则

第七十七条 本规范规定的当事人无配偶声明或者证明，自出具之日起6个月内有效。

第七十八条 县级或县级以上人民政府民政部门办理婚姻登记的，"结婚证字号"填写式样为"Jaaaaaa－bbbb－cccccc"（其中"aaaaaa"为6位行政区划代码，"bbbb"为当年年号，"cccccc"为当年办理婚姻登记的序号)。"离婚证字号"开头字符为"L"。"补发结婚证字号"开头字符为"BJ"。"补发离婚证字号"开头字符为"BL"。

县级人民政府民政部门设立多个婚姻登记巡回点的，由县级人民政府民政部门明确字号使用规则，规定各登记点使用号段。

乡（镇）人民政府办理婚姻登记的，行政区划代码由6位改为9位（在县级区划代码后增加三位乡镇代码)，其他填写方法与上述规定一致。

对为方便人民群众办理婚姻登记、在行政区划单位之外设立的婚姻登记机关，其行政区划代码由省级人民政府民政部门按照前四位取所属地级市行政区划代码前四位，五六位为序号（从61开始，依次为62、63、……、99）的方式统一编码。

第七十九条 当事人向婚姻登记机关提交的"本人无配偶证明"等材料是外国语言文字的，应当翻译成中文。当事人未提交中文译文的，视为未提交该文件。婚姻登记机关可以接受中国驻外国使领馆或有资格的翻译机构出具的翻译文本。

第八十条 本规范自2016年2月1日起实施。

收　养

中华人民共和国收养法（节录）

（1991年12月29日第七届全国人民代表大会常务委员会第二十三次会议通过　根据1998年11月4日第九届全国人民代表大会常务委员会第五次会议《关于修改〈中华人民共和国收养法〉的决定》修正）

第二章　收养关系的成立

第四条　下列不满十四周岁的未成年人可以被收养：

（一）丧失父母的孤儿；

（二）查找不到生父母的弃婴和儿童；

（三）生父母有特殊困难无力抚养的子女。

第五条　下列公民、组织可以作送养人：

（一）孤儿的监护人；

（二）社会福利机构；

（三）有特殊困难无力抚养子女的生父母。

第六条　收养人应当同时具备下列条件：

（一）无子女；

（二）有抚养教育被收养人的能力；

（三）未患有在医学上认为不应当收养子女的疾病；

（四）年满三十周岁。

第七条 收养三代以内同辈旁系血亲的子女，可以不受本法第四条第三项、第五条第三项、第九条和被收养人不满十四周岁的限制。

华侨收养三代以内同辈旁系血亲的子女，还可以不受收养人无子女的限制。

第八条 收养人只能收养一名子女。

收养孤儿、残疾儿童或者社会福利机构抚养的查找不到生父母的弃婴和儿童，可以不受收养人无子女和收养一名的限制。

第九条 无配偶的男性收养女性的，收养人与被收养人的年龄应当相差四十周岁以上。

第十条 生父母送养子女，须双方共同送养。生父母一方不明或者查找不到的可以单方送养。

有配偶者收养子女，须夫妻共同收养。

第十一条 收养人收养与送养人送养，须双方自愿。收养年满十周岁以上未成年人的，应当征得被收养人的同意。

第十二条 未成年人的父母均不具备完全民事行为能力的，该未成年人的监护人不得将其送养，但父母对该未成年人有严重危害可能的除外。

第十三条 监护人送养未成年孤儿的，须征得有抚养义务的人同意。有抚养义务的人不同意送养、监护人不愿意继续履行监护职责的，应当依照《中华人民共和国民法通则》的规定变更监护人。

第十四条 继父或者继母经继子女的生父母同意，可以收养继子女，并可以不受本法第四条第三项、第五条第三项、第六条和被收养人不满十四周岁以及收养一名的限制。

第十五条 收养应当向县级以上人民政府民政部门登记。收养关系自登记之日起成立。

收养查找不到生父母的弃婴和儿童的，办理登记的民政部门应当在登记前予以公告。

收养关系当事人愿意订立收养协议的，可以订立收养协议。

收养关系当事人各方或者一方要求办理收养公证的，应当办理收养公证。

第十六条 收养关系成立后，公安部门应当依照国家有关规定为被收养人办理户口登记。

第十七条 孤儿或者生父母无力抚养的子女，可以由生父母的亲属、朋友抚养。

抚养人与被抚养人的关系不适用收养关系。

第十八条 配偶一方死亡，另一方送养未成年子女的，死亡一方的父母有优先抚养的权利。

第十九条 送养人不得以送养子女为理由违反计划生育的规定再生育子女。

第二十条 严禁买卖儿童或者借收养名义买卖儿童。

第二十一条 外国人依照本法可以在中华人民共和国收养子女。

外国人在中华人民共和国收养子女，应当经其所在国主管机关依照该国法律审查同意。收养人应当提供由其所在国有权机构出具的有关收养人的年龄、婚姻、职业、财产、健康、有无受过刑事处罚等状况的证明材料，该证明材料应当经其所在国外交机关或者外交机关授权的机构认证，并经中华人民共和国驻该国使领馆认证。该收养人应当与送养人订立书面协议，亲自向省级人民政府民政部门登记。

收养关系当事人各方或者一方要求办理收养公证的，应当到国务院司法行政部门认定的具有办理涉外公证资格的公证机构办理收养公证。

第二十二条 收养人、送养人要求保守收养秘密的，其他人应当尊重其意愿，不得泄露。

华侨以及居住在香港、澳门、台湾地区的中国公民办理收养登记的管辖以及所需要出具的证件和证明材料的规定*

（1999年5月25日 民政部令第16号发布）

第一条 根据《中国公民收养子女登记办法》，制定本规定。

第二条 华侨以及居住在香港、澳门、台湾地区的中国公民在内地收养子女的，应当到被收养人常住户口所在地的直辖市、设区的市、自治州人民政府民政部门或者地区（盟）行政公署民政部门申请办理收养登记。

第三条 居住在已与中国建立外交关系国家的华侨申请办理成立收养关系的登记时，应当提交收养申请书和下列证件、证明材料：

（一）护照；

（二）收养人居住国有权机构出具的收养人的年龄、婚姻、有无子女、职业、财产、健康、有无受过刑事处罚等状况的证明材料，该证明材料应当经其居住国外交机关或者外交机关授权的机构认证，并经中国驻该国使领馆认证。

第四条 居住在未与中国建立外交关系国家的华侨申请办理成立收养关系的登记时，应当提交收养申请书和下列证件、证明材料：

（一）护照；

（二）收养人居住国有权机构出具的收养人的年龄、婚姻、有无子女、

---

* 注：有关部门将于近期出台华侨以及居住在香港、澳门、台湾地区的中国公民在内地收养子女办理收养登记相关规定，届时本文件将废止。

职业、财产、健康、有无受过刑事处罚等状况的证明材料，该证明材料应当经其居住国外交机关或者外交机关授权的机构认证，并经已与中国建立外交关系的国家驻该国使领馆认证。

第五条 香港居民中的中国公民申请办理成立收养关系的登记时，应当提交收养申请书和下列证件、证明材料：

（一）香港居民身份证、香港居民来往内地通行证或者香港同胞回乡证；

（二）经国家主管机关委托的香港委托公证人证明的收养人的年龄、婚姻、有无子女、职业、财产、健康、有无受过刑事处罚等状况的证明材料。

第六条 澳门居民中的中国公民申请办理成立收养关系的登记时，应当提交收养申请书和下列证件、证明材料：

（一）澳门居民身份证、澳门居民来往内地通行证或者澳门同胞回乡证；

（二）澳门地区有权机构出具的收养人的年龄、婚姻、有无子女、职业、财产、健康、有无受过刑事处罚等状况的证明材料。

第七条 台湾居民申请办理成立收养关系的登记时，应当提交收养申请书和下列证件、证明材料：

（一）在台湾地区居住的有效证明；

（二）中华人民共和国主管机关签发或签注的在有效期内的旅行证件；

（三）经台湾地区公证机构公证的收养人的年龄、婚姻、有无子女、职业、财产、健康、有无受过刑事处罚等状况的证明材料。

第八条 本规定自发布之日起施行。

出入境、户籍

公安部关于台湾居民申请来大陆定居有关规定*

（2000 年 8 月 17 日）

一、申请条件

（一）在台孤身一人，无人赡养，且在大陆拟定居地有父母、配偶（此种情形须符合下述第二项的规定）、子女等直系亲属，该亲属有能力赡养并保证赡养，本人的生活费用及住房等能够自理。

（二）与大陆居民结婚 3 年（含）以上的台湾居民及其未成年子女。

（三）在大陆投资经济效益好或投资金额巨大的投资者及其配偶、未成年子女。

（四）国家急需的科技、教育、文化、医学、农业等领域的人才及其配偶、未成年子女。

二、申请程序

（一）申请人在大陆以外的国家或者地区，可向中华人民共和国驻外使、领馆、处、特派员公署申请，或属第一、二、三项申请条件的可委托大陆亲属向拟定居地的市县公安局出入境管理部门提出申请；属第四项申请条件的可委托其大陆亲属向拟定居地的省、自治区、直辖市公安厅、局

---

* 注：根据中华人民共和国公安部公通字〔2000〕73 号文整理。

出入境部门提出申请。

（二）申请人在大陆的，属第一、二、三项申请条件的，本人可直接向拟定居地的市县公安局出入境管理部门提出申请，属第四项申请条件的可向拟定居地的省、自治区、直辖市公安厅、局出入境管理部门提出申请。

三、申请材料

（一）提交书面申请。委托亲属代办的，还需提交委托书。

（二）提交填写《台湾居民来大陆定居申请表》及二寸正面免冠近照（规格为48mm×33mm）。

（三）交验有效的《台湾居民来往大陆通行证》或其他旅行证件，并提交复印件。

（四）交验有效的台湾居民身份证件和出入境证件，并提交复印件，无原件的，需提交经台湾公证部门公证的台湾居民身份证件（正、反面）和出入境证件复印件。

（五）提交由大陆出入境检验检疫部门出具或确认的6个月以上有效的身体健康证明。

（六）提交与申请事由相应的证明：

1. 在台孤身一人的，需提交经台湾公证部门公证的台湾户籍证明复印件，与大陆亲属关系的公证证明、大陆亲属有能力赡养并保证赡养的公证证明，以及大陆亲属的身份证、户口簿原件及复印件。

2. 申请夫妻团聚的，需交验大陆民政部门颁发的结婚证，并提交复印件，或经台湾公证部门公证的婚姻状况证明和台湾户籍证明复印件。其未成年子女，需提交出生证明和亲属关系的公证证明。

3. 在大陆投资的，需交验所在企业上年度或本年度的营业额、纳税额或者进出口额的相关证明，并提交复印件。

4. 国家急需的科技、教育、文化、医学、农业等领域的人才，需提交国家人事部或外国专家局出具的有关证明。

公安部关于大陆居民携在台所生子女返回大陆的有关手续*

（2003 年 12 月 8 日）

大陆居民在台湾所生子女返回大陆，其所携子女证件，可由其母（父）通过海峡两岸民间机构或者在大陆亲属向公安部出入境管理局或为其母（父）审批发证的原公安机关出入境管理部门提出申请，并提交其母（父）所持大陆居民往来台湾通行证、所携子女出生证明的复印件，说明拟入境的具体时间、所乘交通工具的航班（车）次及入境口岸。经核实后，由公安出入境管理局通知其拟入境口岸所在地的公安机关出入境管理部门和边防检查站为其偕行子女办理相关入境手续。

* 注：根据中华人民共和国公安部公通字〔2003〕77 号文整理。

流动人口就近办理赴台出入境证件的有关规定*

（2013 年 6 月 27 日）

为便利流动人口就近办理赴台出入境证件，公安部决定自 2013 年 7 月 1 日起，北京、天津、石家庄、太原、呼和浩特、沈阳、大连、长春、哈尔滨、上海、南京、杭州、宁波、合肥、福州、厦门、南昌、济南、青岛、郑州、武汉、长沙、广州、深圳、南宁、海口、重庆、成都、贵阳、昆明、西安等 31 个城市的本市户籍居民的外地户籍的配偶、未满 16 周岁的子女以及在本市暂（居）住的外地户籍的就业、就学人员及其配偶、未满 16 周岁的子女可以就近提交大陆居民往来台湾通行证及签注申请。

符合条件的人员申请大陆居民往来台湾通行证及签注除需提交户口簿、居民身份证外，就业人员还需提交社保部门出具的在就业地连续一年以上缴纳社会保险的证明；就学人员还需提交就读院校出具的在学证明；配偶、子女还需提交居住地公安机关出具的居住满 6 个月（含）以上的证明（包括居住证、暂住证等），如其户口簿不能证明亲属关系，则需提交其他证明材料。申请往来台湾通行证及签注的大陆居民还需提交与申请事由相应的证明材料。

---

* 注：根据中华人民共和国公安部公告整理。

公安部关于大陆居民自行在台定居后返回办理有关手续的规定*

（2013 年 9 月 5 日）

一、持有效大陆居民往来台湾通行证（以下简称大陆证）的申请人返回办理户籍注销及出境手续

大陆居民本人向户籍所在地县级以上公安机关出入境管理部门（受理机关）提出赴台湾定居申请，交验户口簿、居民身份证、台湾地区居民身份证原件，提交上述证件及台湾地区户籍誊本复印件。赴台定居获准后，受理机关签发注销户口通知书。办理常住户口注销手续后，大陆居民本人向受理申请的公安机关出入境管理部门提交户口注销证明，领取大陆证和赴台定居签注。

二、大陆证已被剪角处理的申请人返回办理户籍注销及出境手续

大陆居民可持已被剪角证件，向大陆对台直航口岸的公安机关出入境管理机构申请办理一次入境有效的中华人民共和国出入境通行证，入境后本人向户籍地县级以上公安机关出入境管理部门提出台湾定居申请，交验户口簿、居民身份证、台湾地区居民身份证原件，提交上述证件及台湾地区户籍誊本复印件。赴台定居申请获准后，受理机关签发注销户口通知书。办理常住户口注销手续后，大陆居民本人向受理申请的公安机关出入境管理部门提交户口注销证明，领取大陆证和赴台定居签注。

---

* 注：根据中华人民共和国公安部公境传〔2013〕844 号文整理。

中国公民往来台湾地区管理办法

（1991年12月17日中华人民共和国国务院令第93号发布　根据2015年6月14日《国务院关于修改〈中国公民往来台湾地区管理办法〉的决定》修订）

第一章　总　　则

第一条　为保障台湾海峡两岸人员往来，促进各方交流，维护社会秩序，制定本办法。

第二条　居住在大陆的中国公民（以下简称大陆居民）往来台湾地区（以下简称台湾）以及居住在台湾地区的中国公民（以下简称台湾居民）来往大陆，适用本办法。

本办法未规定的事项，其他有关法律、法规有规定的，适用其他法律、法规。

第三条　大陆居民前往台湾，凭公安机关出入境管理部门签发的旅行证件，从开放的或者指定的出入境口岸通行。

第四条　台湾居民来大陆，凭国家主管机关签发的旅行证件，从开放的或者指定的入出境口岸通行。

第五条　中国公民往来台湾与大陆之间，不得有危害国家安全、荣誉和利益的行为。

第二章　大陆居民前往台湾

第六条　大陆居民前往台湾定居、探亲、访友、旅游、接受和处理财产、处理婚丧事宜或者参加经济、科技、文化、教育、体育、学术等活动，须向户口所在地的市、县公安局提出申请。

第七条 大陆居民申请前往台湾，须履行下列手续：

（一）交验身份、户口证明；

（二）填写前往台湾申请表；

（三）在职、在学人员须提交所在单位对申请人前往台湾的意见；非在职、在学人员须提交户口所在地公安派出所对申请人前往台湾的意见；

（四）提交与申请事由相应的证明。

第八条 本办法第七条第四项所称的证明是指：

（一）前往定居，须提交确能在台湾定居的证明；

（二）探亲、访友，须提交台湾亲友关系的证明；

（三）旅游，须提交旅行所需费用的证明；

（四）接受、处理财产，须提交经过公证的对该项财产有合法权利的有关证明；

（五）处理婚姻事务，须提交经过公证的有关婚姻状况的证明；

（六）处理亲友丧事，须提交有关的函件或者通知；

（七）参加经济、科技、文化、教育、体育、学术等活动，须提交台湾相应机构、团体、个人邀请或者同意参加该项活动的证明；

（八）主管机关认为需要提交的其他证明。

第九条 公安机关受理大陆居民前往台湾的申请，应当在30日内，地处偏僻、交通不便的应当在60日内，作出批准或者不予批准的决定，通知申请人。紧急的申请，应当随时办理。

第十条 经批准前往台湾的大陆居民，由公安机关签发或者签注旅行证件。

第十一条 经批准前往台湾的大陆居民，应当在所持旅行证件签注的有效期内前往，除定居的以外，应当按期返回。

大陆居民前往台湾后，因病或者其他特殊情况，旅行证件到期不能按期返回的，可以向原发证的公安机关或者公安部出入境管理局派出的或者委托的有关机构申请办理延期手续；有特殊原因的也可以在入境口岸的公安机关申请办理入境手续。

第十二条 申请前往台湾的大陆居民有下列情形之一的，不予批准：

（一）刑事案件的被告人或者犯罪嫌疑人；

（二）人民法院通知有未了结诉讼事宜不能离境的；

（三）被判处刑罚尚未执行完毕的；

（四）正在被劳动教养的；

（五）国务院有关主管部门认为出境后将对国家安全造成危害或者对国家利益造成重大损失的；

（六）有编造情况、提供假证明等欺骗行为的。

第三章 台湾居民来大陆

第十三条 台湾居民要求来大陆的，向下列有关机关申请办理旅行证件：

（一）从台湾地区要求直接来大陆的，向公安部出入境管理局派出的或者委托的有关机构申请；有特殊事由的，也可以向指定口岸的公安机关申请；

（二）到香港、澳门地区后要求来大陆的，向公安部出入境管理局派出的机构或者委托的在香港、澳门地区的有关机构申请；

（三）经由外国来大陆的，依据《中华人民共和国护照法》，向中华人民共和国驻外国的外交代表机关、领事机关或者外交部授权的其他驻外机关申请。

第十四条 台湾居民申请来大陆，须履行下列手续：

（一）交验表明在台湾居住的有效身份证明和出境入境证件；

（二）填写申请表；

（三）提交符合规定的照片。

国家主管机关可以根据具体情况要求台湾居民提交其他申请材料。

第十五条 对批准来大陆的台湾居民，由国家主管机关签发旅行证件。

第十六条 台湾居民来大陆，应当按照户口管理规定，办理暂住登记。在宾馆、饭店、招待所、旅店、学校等企业、事业单位或者机关、团体和其他机构内住宿的，应当填写临时住宿登记表；住在亲友家的，由本人或者亲友在24小时（农村72小时）内到当地公安派出所或者户籍办公室办理暂住登记手续。

第十七条 台湾居民要求来大陆定居的，应当在入境前向公安部出入境管理局派出的或者委托的有关机构提出申请，或者经由大陆亲属向拟定居地的市、县公安局提出申请。批准定居的，公安机关发给定居证明。

第十八条 台湾居民来大陆后，应当在所持旅行证件有效期之内按期离境。所持证件有效期即将届满需要继续居留的，应当向市、县公安局申请换发。

第十九条 申请来大陆的台湾居民有下列情形之一的，不予批准：

（一）被认为有犯罪行为的；

（二）被认为来大陆后可能进行危害国家安全、利益等活动的；

（三）不符合申请条件或者有编造情况、提供假证明等欺骗行为的；

（四）精神疾病或者严重传染病患者；

（五）法律、行政法规规定不予批准的其他情形。

治病或者其他特殊原因可以批准入境的除外。

第四章 出境入境检查

第二十条 大陆居民往来台湾，台湾居民来往大陆，须向开放的或者指定的出入境口岸边防检查站出示证件，填交出境、入境登记卡，接受查验。

第二十一条 有下列情形之一的，边防检查站有权阻止出境、入境：

（一）未持有旅行证件的；

（二）持用伪造、涂改等无效的旅行证件的；

（三）拒绝交验旅行证件的；

（四）本办法第十二条、第十九条规定不予批准出境、入境的。

第五章　证件管理

第二十二条　大陆居民往来台湾的旅行证件系指大陆居民往来台湾通行证和其他有效旅行证件。

第二十三条　台湾居民来往大陆的旅行证件系指台湾居民来往大陆通行证和其他有效旅行证件。

第二十四条　大陆居民往来台湾通行证有效期为10年；台湾居民来往大陆通行证分为5年有效和3个月一次有效两种。

第二十五条　大陆居民往来台湾通行证实行逐次签注。签注分一次往返有效和多次往返有效。

第二十六条　大陆居民遗失旅行证件，应当向原发证的公安机关报失；经调查属实的，可补发给相应的旅行证件。

第二十七条　台湾居民在大陆遗失旅行证件，应当向当地的市、县公安机关报失；经调查属实的，可以允许重新申请领取相应的旅行证件，或者发给一次有效的出境通行证件。

第二十八条　大陆居民前往台湾和台湾居民来大陆旅行证件的持有人，有本办法第十二条、第十九条规定情形之一的，其证件应当予以吊销或者宣布作废。

第二十九条　审批签发旅行证件的机关，对已发出的旅行证件有权吊销或者宣布作废。公安部在必要时，可以变更签注、吊销旅行证件或者宣布作废。

第六章　处　罚

第三十条　持用伪造、涂改等无效的旅行证件或者冒用他人的旅行证件出境、入境的，除依照《中华人民共和国公民出境入境管理法实施细则》第二十三条的规定处罚外，可以单处或者并处100元以上、500元以下的罚款。

第三十一条　伪造、涂改、转让、倒卖旅行证件的，除依照《中华人民共和国公民出境入境管理法实施细则》第二十四条的规定处罚外，可以单处或者并处500元以上、3000元以下的罚款。

第三十二条 编造情况，提供假证明，或者以行贿等手段获取旅行证件的，除依照《中华人民共和国公民出境入境管理法实施细则》第二十五条的规定处罚外，可以单处或者并处100元以上、500元以下的罚款。

有前款情形的，在处罚执行完毕6个月以内不受理其出境、入境申请。

第三十三条 机关、团体、企业、事业单位编造情况、出具假证明为申请人获取旅行证件的，暂停其出证权的行使；情节严重的，取消其出证资格；对直接责任人员，除依照《中华人民共和国公民出境入境管理法实施细则》第二十五条的规定处罚外，可以单处或者并处500元以上、1000元以下的罚款。

第三十四条 违反本办法第十六条的规定，不办理暂住登记的，处以警告或者100元以上、500元以下的罚款。

第三十五条 违反本办法第十八条的规定，逾期非法居留的，处以警告，可以单处或者并处每逾期1日100元的罚款。

第三十六条 被处罚人对公安机关处罚不服的，可以在接到处罚通知之日起15日内，向上一级公安机关申请复议，由上一级公安机关作出最后的裁决；也可以直接向人民法院提起诉讼。

第三十七条 来大陆的台湾居民违反本办法的规定或者有其他违法犯罪行为的，除依照本办法和其他有关法律、法规的规定处罚外，公安机关可以缩短其停留期限，限期离境，或者遣送出境。

有本办法第十九条规定不予批准情形之一的，应当立即遣送出境。

第三十八条 执行本办法的国家工作人员，利用职权索取、收受贿赂或者有其他违法失职行为，情节轻微的，由主管部门予以行政处分；情节严重，构成犯罪的，依照《中华人民共和国刑法》的有关规定追究刑事责任。

第三十九条 对违反本办法所得的财物，应当予以追缴或者责令退赔；用于犯罪的本人财物应当没收。

罚款及没收的财物上缴国库。

第七章　附　则

第四十条　本办法由公安部负责解释。

第四十一条　本办法自 1992 年 5 月 1 日起施行。

教　　育

教育部　国务院台办　国务院港澳办 公安部关于印发《关于普通高等学校招收和培养香港特别行政区、澳门地区及台湾省学生的暂行规定》的通知

（1999 年 4 月 2 日　教外港〔1999〕22 号）

为进一步做好招收和培养港澳台学生的工作，使此项工作制度化、规范化，特制定《关于普通高等学校招收和培养香港特别行政区、澳门地区及台湾省学生的暂行规定》，现印发你们，请遵照执行。在执行当中有何情况和意见，请及时告教育部。

关于普通高等学校招收和培养香港特别行政区、澳门地区及台湾省学生的暂行规定

第一章　总　　则

第一条　为规范内地（祖国大陆）普通高等学校对香港特别行政区、

澳门地区及台湾省（以下简称“港澳台”）的招生，加强对在校港澳台学生的教育教学和生活管理，保证教育教学质量，特制定本规定。

第二条 普通高等学校招收和培养港澳台学生适用本规定。符合内地（祖国大陆）规定条件的港澳台地区的永久居民依据本规定可申请到内地（祖国大陆）普通高等学校就读。

第三条 普通高等学校招收和培养港澳台学生应当坚持保证质量、一视同仁、适当照顾的原则。

第四条 中华人民共和国教育部（以下简称“教育部”）归口管理内地（祖国大陆）普通高等学校招收和培养港澳台学生的工作。其职责是：

（一）制定招收和培养港澳台学生的政策和规章；

（二）举办中华人民共和国普通高等学校联合招收港澳台学生考试（以下简称“联合招生考试”）、从港澳台地区招收研究生的统一入学考试，并负责考试报名点和考点的设立；

（三）审批或授权省、自治区、直辖市教育行政部门审批普通高等学校招收港澳台学生的资格；

（四）设立和发放港澳台学生政府奖学金。

第五条 省、自治区、直辖市教育行政部门管理本行政区域内港澳台学生的招收、培养工作。其职责是：

（一）贯彻执行国家关于招收、培养港澳台学生的政策和管理规定；

（二）根据教育部的授权，审批本行政区域内普通高等学校招收港澳台研究生、本科生、进修生、旁听生等的资格；

（三）审批在校港澳台学生转学；

（四）为在校台湾学生出具到当地公安机关办理暂住手续的证明；

（五）法律、法规、规章规定的其它职责。

第六条 教育行政部门应当对普通高等学校招收和培养港澳台学生工作加强监督，依法开展评估。

第二章　招　　生

第七条　具备下列条件的普通高等学校，可申请招收港澳台学生:

（一）具有实施全日制本科及本科以上学历教育资格；

（二）具有良好的师资条件和教学科研设备；

（三）校园及周边环境良好，具备适合港澳台学生生活的食宿条件；

（四）设有对港澳台学生的管理机构或配有专门负责人员，建立健全关于港澳台学生招收、培养和管理的各项规章制度。

第八条　普通高等学校按照国家有关规定，录取通过教育部组织的联合招生考试和面向港澳台地区的研究生招生考试或通过内地（祖国大陆）研究生考试的港澳台学生。教育部设立普通高等学校联合招收港澳台学生办公室，具体负责组织联合招生考试的宣传、阅卷、投档及录取等工作。

第九条　经教育部批准，普通高等学校可单独或联合举办对港澳台地区学生的招生考试，录取考试合格的港澳台学生。

第十条　参加教育部组织的或经教育部批准的招生考试未被录取而考分接近录取分数的港澳台学生，可申请就读预科班。预科生学习一年，经学校考核合格后，报所在地省级教育行政部门批准，可转为本科生。

第十一条　已获得大专以上（含大专）学历或正在内地（祖国大陆）以外的大学就读本科专业的港澳台学生，可向内地（祖国大陆）普通高等学校申请插班就读与原所学专业相同或相近的本科课程，经省级教育行政部门批准，试读一年。试读期满，经所在试读学校考核合格、并报所在地省级教育行政部门批准，可转为正式本科生，并升入高一年级就读。

第十二条　学校接收进修生、旁听生等不参加教育部组织的或教育部批准的招生考试的学生，应报学校所在地省级教育行政部门批准。

第十三条　普通高等学校在完成港澳台学生招生工作后一个月内，应将招收港澳台学生的情况向所在地省、自治区、直辖市教育行政部门备案。省、自治区、直辖市教育行政部门应当在本行政区域完成对港澳台地区招生工作三个月内，将各校招收港澳台学生的工作情况报送教育部。

第三章　教学和管理

第十四条　高等学校对港澳台学生的培养工作，应以教育教学为中心。对港澳台学生，思想品行上要积极引导，学习上严格要求，生活上适当照顾。

第十五条　学校应当根据港澳台地区学生的特点，有针对性地组织和开展教育教学工作，采取切实可行的措施，不断提高教育教学质量。

第十六条　学校应通过开设相应课程和组织课外活动等各种方式，使港澳台学生了解祖国国情和法律，加强品行修养，提高全面素质。港澳台学生可申请免修政治课和军训课。

第十七条　学校应当按照校内统一的学籍管理规定对港澳台学生施行学籍管理。港澳台学生应当遵守学校的规章制度和纪律。

第十八条　学校应当对港澳台学生提供适当的住宿条件，关心港澳台学生的生活，加强对港澳台学生的生活管理。经港澳台学生申请，学校同意，港澳台学生可住学校中内地（祖国大陆）学生的宿舍。学校根据需要，可就近统一为港澳台学生租用宿舍，但应负责对租用宿舍的管理。有条件的地方，经当地公安部门批准，学生也可自行在校外租用住房并按规定登记。

第十九条　学校应当按照国家有关规定向港澳台学生收取学费及其他费用。不得违反国家规定高收费和滥收费。

第二十条　未按本规定进行对港澳台学生的培养工作，造成管理混乱，教学质量低下的，由教育行政部门责令限期改正或予以整顿，造成严重后果或恶劣影响的，对有关负责人给予行政处分。

第四章　附　　则

第二十一条　普通高等专科学校、成人高等学校、中等专业技术学校和职业技术学校招收港澳台学生的具体办法，由教育部另行规定。

第二十二条 经教育部批准可以从港澳台人士中招收研究生的科研机构，参照本规定开展招收港澳台学生的工作。

第二十三条 本规定自发布之日起施行。自本规定施行之日起，其它教育规章及规范性文件，凡与本规定相抵触的，以本规定为准。

教育部　国家发展和改革委员会　财政部　国务院台湾事务办公室关于调整祖国大陆普通高校和科研院所招收台湾地区学生收费标准及有关政策问题的通知

（2005年8月23日　教电〔2005〕333号）

各省、自治区、直辖市教育厅（教委）、发改委、物价局、财政厅（局）、台办，国务院有关部门，教育部部属各高校：

为切实贯彻执行中央对台工作方针，努力推进祖国和平统一大业，进一步鼓励和支持更多的台湾地区学生到大陆普通高校和科研院所学习，现就调整大陆普通高校和科研院所招收台湾地区学生的收费标准及有关政策问题通知如下：

一、调整对台湾学生收费标准

1. 对已录取到大陆普通高校和科研院所学习的台湾地区本科生、专科生、硕士研究生和博士研究生，执行与大陆学生相同的收费标准，即在同一学校、同一科研院所、同一年级、同一专业学习的台湾与大陆的学生学费标准一致；同等住宿条件下，住宿费标准一致。

2. 各有关高校和科研院所必须严格执行国家对台湾学生的收费政策。任何学校和单位不得擅自提高对来大陆就读的台湾学生的学费、住宿费等收费标准，也不得以任何名义和形式设立针对台湾学生的收费项目。

3. 各省、自治区、直辖市价格、财政、教育主管部门要加强对有关高校和科研院所对台湾学生收费的管理和监督，对任何违反国家规定的乱收费行为予以严肃处理，决不姑息。

二、设立台湾学生奖（助）学金

为鼓励更多的台湾地区学生到大陆学习，中央财政安排专项资金设立台湾学生奖（助）学金。台湾学生奖（助）学金专项用于奖励、资助台湾地区到大陆普通高校和科研院所学习的本、专科生、研究生。台湾学生奖（助）学金设在中华教育基金会内，由教育部归口管理。该奖（助）学金的年度资金总额、奖励、资助范围、标准、发放方法由教育部、财政部另行制定、公布。

三、对招收台湾上述学生的大陆普通高校和科研院所给予专项补助

对上述台湾学生收费标准调整后，考虑到他们的实际培养成本，为鼓励大陆普通高校和科研院所招收更多台湾地区学生，国家财政对招收上述台湾学生的有关高校和科研院所，根据每年的招生数量，据实安排财政生均定额补助。

中央财政对中央部委所属高校、科研院所和部分地方高校（北京、上海、天津、广东、江苏、浙江等6个不享受一般性转移支付的省、直辖市除外）招收的上述台湾学生，按每生每学年8000元给予专项补助。

北京、上海、天津、广东、江苏、浙江等6个不享受一般性转移支付的省、直辖市应按照中央财政定额补助标准，对招收上述台湾学生的本地所属高校给予专项补助。

上述规定自2005年秋季入学起执行。

请各地、各部门、各有关单位认真贯彻执行以上各项规定，积极做好对台湾学生的各项工作，抓紧时间研究并制定与台湾学生工作相关的各项管理制度和配套措施，确保上述政策落到实处。

大陆普通高校和科研院所招收香港、澳门地区学生的相关政策及具体实施办法，由教育部、国家发展和改革委员会、财政部等有关部门另行制定。

普通高等学校学生管理规定（节录）

（2005 年 9 月 1 日　教育部令第 21 号发布）

第三十九条　毕业、结业、肄业证书和学位证书遗失或者损坏，经本人申请，学校核实后应当出具相应的证明书。证明书与原证书具有同等效力。

财政部 教育部关于印发《台湾学生奖学金管理暂行办法》的通知

（2005年12月19日 财教〔2005〕325号）

为切实贯彻执行中央对台工作方针，推进祖国和平统一大业，进一步鼓励和支持更多的台湾地区学生来祖国大陆普通高校和科研院所学习，增强他们对祖国的认同感，激励他们勤奋学习、努力进取，特设立台湾学生奖学金。为规范和加强台湾学生奖学金的管理，提高资金使用的安全和有效性，财政部、教育部制定了《台湾学生奖学金管理暂行办法》，现印发你们，请遵照执行。

如有意见或建议，请及时向我们反映，以进一步完善此项工作。

台湾学生奖学金管理暂行办法

第一章 总 则

第一条 为切实贯彻执行中央对台工作方针，推进祖国和平统一大业，进一步鼓励和支持更多的台湾地区学生来祖国大陆普通高校和科研院所学习，增强他们对祖国的认同感，激励他们勤奋学习、努力进取，特设立台湾学生奖学金。

第二条 台湾学生奖学金资金来源于中央财政，面向在祖国大陆普通高等学校和科研院所就读的台湾地区全日制本专科学生、硕士研究生和博士研究生。

第二章　申请条件

第三条　台湾学生奖学金申请的基本条件：

1. 认同一个中国；

2. 自觉遵守国家法律、法规，遵守学校各项规章制度；

3. 诚实守信，有良好的道德修养；

4. 入学考试成绩优秀或在大陆学习期间勤奋刻苦，成绩优良。

第三章　奖学金类别、等级、名额及奖励标准

第四条　台湾学生奖学金的类别、等级、名额及奖励标准：

本专科学生奖学金，分三个等级，其中，一等奖 200 名，奖学金每生每学年 4000 元；二等奖 300 名，奖学金每生每学年 3000 元；三等奖 500 名，奖学金每生每学年 2000 元。

硕士研究生奖学金，分三个等级，其中，一等奖 50 名，奖学金每生每学年 6000 元；二等奖 150 名，奖学金每生每学年 4000 元；三等奖 300 名，奖学金每生每学年 3000 元。

博士研究生奖学金，分三个等级，其中，一等奖 50 名，奖学金每生每学年 8000 元；二等奖 150 名，奖学金每生每学年 6000 元；三等奖 300 名，奖学金每生每学年 4000 元。

国家根据情况的变化，适时调整台湾学生奖学金等级、名额和奖励标准。

第四章　奖学金的申请、评审

第五条　台湾学生奖学金按学年申请和评审，每年 9 月开始受理申请，当年 10 月 31 日前评审完毕。

第六条　台湾学生根据上述奖学金申请条件，按学年向所在学校或科研院所提出申请，每学年一次，符合条件的学生可连续申请，并提交《台湾学生奖学金申请表》（见附表）。

第七条　台湾学生奖学金的组织申请评审及审批等管理工作由教育部

归口管理。

第八条 台湾学生奖学金评审程序：

1. 教育部根据各招生单位台湾学生在校人数等有关数据，经商财政部同意后于每年 8 月中旬按隶属关系向各有关中央主管部门和省（自治区、直辖市）教育厅（局、委）下达台湾学生奖学金名额。

2. 各有关中央主管部门和省（自治区、直辖市）教育厅（局、委）按照教育部下达的奖学金名额，确定所属各有关单位的奖学金名额。

3. 各有关招生单位根据上级主管部门下达的奖学金名额，受理台湾学生的申请材料，组织等额评审，按照公开、公平、公正的原则，确定初审合格学生名单并公示。

4. 公示结束后，各有关招生单位于每年 10 月 20 日前将建议获奖学生名单按照隶属关系经主管部门初审后报教育部。

5. 教育部中国教育发展基金会对有关主管部门报来的获奖学生名单进行复核，并将复核意见报教育部港澳台办，由教育部港澳台办审批。

第五章 奖学金的发放

第九条 根据教育部下达的台湾学生奖学金名额，财政部下达教育部台湾学生奖学金经费预算。

第十条 台湾学生奖学金具体拨款事宜由中国教育发展基金会负责。中国教育发展基金会根据教育部港澳台办审批的获奖学生名单将资金直接拨付给有关招生单位，有关招生单位收到拨款后应及时将奖学金一次发放给获奖学生。

第六章 监督检查

第十一条 各有关招生单位必须以高度的政治责任感做好台湾学生奖学金有关组织工作，严格执行国家有关财经法规和本办法规定，加强资金管理，确保奖学金全部用于符合条件的台湾学生。

第十二条 台湾学生奖学金资金管理接受审计、教育、财政等部门的监督检查，一旦发现截留、挤占和挪用等现象，将严肃处理。

第十三条 对于获奖的台湾学生，学校应继续加强管理和教育，如出现以下情况之一的，应取消其获奖资格并及时向上级主管部门报告：

1. 有反对“一个中国”的言论或行为；
2. 触犯国家法律、法规，参加非法社团组织；
3. 违反校规、校纪。

第七章 附　　则

第十四条 本办法由财政部、教育部负责解释。

第十五条 本办法自 2005 年 9 月 1 日起实施。

教育部 国务院台湾事务办公室关于进一步做好台湾同胞子女在大陆中小学和幼儿园就读工作的若干意见

（2008 年 1 月 30 日 教港澳台〔2008〕7 号）

各省、自治区、直辖市教育厅（教委）、台办，新疆生产建设兵团教育局、台办：

近年来，随着两岸人员往来的日益密切和各项交流的不断深入，在大陆中小学和幼儿园就读的台湾同胞（以下简称台胞）子女人数显著增加。各地教育行政和对台工作部门认真落实中央有关对台工作的方针和国家有关安排台胞子女就读的政策，积极采取措施，工作取得了一定的进展，受到广大台胞的欢迎。与此同时，也出现了一些新情况、新问题。为了更好地贯彻落实中央“更寄希望于台湾人民”的工作方针，进一步做好台胞子女在大陆中小学和幼儿园就读工作，加强两岸教育交流与合作，促进两岸关系的和平稳定，推动祖国统一大业，现提出以下意见：

一、各地教育行政和对台工作部门要充分认识做好台胞子女在大陆中小学和幼儿园就读工作的重要性。要深入学习和深刻理解中央有关对台工作的指示精神，认真执行国家有关教育工作和台胞投资工作的法律、规章和政策，努力做好此项工作。

二、对台胞子女在大陆中小学和幼儿园就读实行“欢迎就读、一视同仁、就近入学、适当照顾”的政策。

三、经批准设立的公办和民办普通中小学、幼儿园和中等职业教育机构原则上都可以接收台胞子女就读。

四、地方各级教育行政和对台工作部门要加强对此项工作的领导，建立工作机制，完善工作措施，健全管理制度。行政管理以县（区）级教育行政部门为主。接收台胞子女就读的学校和幼儿园要有专人负责此项工作。

五、地方各级教育行政和对台工作部门要对拟接收台胞子女就读的学校和幼儿园进行涉台工作条件评估。有关部门要指导这些学校开展工作，并做好监督工作。要采取有效方式对这些学校的教职员工进行涉台方针、政策的教育，帮助他们提高工作水平。

六、地方各级教育行政部门和中小学及幼儿园应按照当地大陆学生入学（园）和升学的有关规定接收台胞子女就读，在入学（园）和升学条件、学校安排、收费等方面给予同等待遇，并创造条件给予适当照顾。

七、学校和幼儿园要树立服务意识，以服务促管理。对就读台胞子女在思想品德上要积极引导，在学业上要严格要求，在生活上要适当照顾。要教育台胞子女遵守大陆的法律法规和校规，做好对他们的学籍管理工作。

八、学校要采取多种措施帮助新入学（园）台胞子女尽快适应学校和幼儿园的学习和生活，举办丰富多彩的活动增进台胞子女对祖国的认同感和民族情感，增进与大陆学生的友谊。教师要积极探索适合台胞子女的教学方针，有针对性地帮助他们提高学业成绩。

九、地方各级教育行政和对台工作部门要与学校和幼儿园一起，加强与当地有关部门及就读台胞子女家长的联系，定期或不定期举行咨询或协商会议，介绍台胞子女就读的有关情况，协商有关问题。

十、学校和幼儿园要做好涉台安全工作，建立安全应急预案。如遇突发事件，应按照有关处理涉台突发事件的要求向上级主管部门报告，并进行应急处理。

十一、各地教育行政和对台工作部门可依本意见并根据当地实际情况制订接收台胞子女就读的具体办法。

各地在接收台胞子女就读工作方面有何意见和问题，请与教育部和国务院台湾事务办公室联系。

教育部关于普通高等学校依据台湾地区大学入学考试学科能力测验成绩招收台湾高中毕业生的通知

（2011年4月1日　教港澳台函〔2011〕18号）

有关省、直辖市教育厅（教委），有关部门（单位）教育司（局），部属有关高等学校：

台湾大学入学考试学科能力测验是台湾地区最大规模的高校招生考试，每年大约有15万考生参加。考试科目5科，各科总级分为15分，满分75分。考试成绩分为五级：顶标级（占参考人数总数的前12%）、前标级（占参考人数总数的前25%）、均标级（占参考人数总数的前50%）、后标级（占参考人数总数的前75%）和底标级。2010年，大陆高等学校招收台湾地区大学入学考试学科能力测验（简称“学测”）成绩顶标级高中毕业生收效良好。为进一步方便台湾高中毕业生来大陆接受高等教育，经研究决定，自2011年起大陆高等学校可依据台湾地区大学入学考试“学测”成绩招收前标级台湾高中毕业生。现就有关工作通知如下：

一、在台湾参加“学测”考试，成绩达顶标级、前标级的台湾高中毕业生可直接向大陆高校申请就读。经大陆高校面试合格后即可录取。

二、在大陆举办的台商子弟（女）学校，其高中毕业生均要回台湾参加“学测”考试，鉴于办学条件不同，上述学校高中毕业生“学测”成绩达均标级的，亦可直接向大陆高校申请就读，经大陆高校面试合格后即可录取。

三、受理台湾学生申请的大陆高校范围暂定为普通高等学校联合招收华侨港澳地区及台湾省学生考试（简称“联招考试”）列入第一、第二批次的高校（学校名单见大陆高校面向港澳台地区招生信息网，网址：http：//www. gatzs. com. cn）。

四、各高校要指定专人负责，尽快拟定各项申请信息要求并在以上网站予以公布，明确报名时限并做好面试安排。请各高校在发布信息时明确：台湾学生通过内地（祖国大陆）高校面向港澳台地区招生信息网或“联招办”网站（网址：http：//www. ecogd. edu. cn）连结各高校，直接向各高校提出申请，同时提供其台湾“学测”成绩和报名序号。各高校将台湾学生姓名、“学测”成绩、报名序号报教育部考试中心，经该中心通过有关途径予以确认后回馈各高校。

教育部考试中心电子信箱：cjqr@ mail. neea. edu. cn：；联系人：刘思利；联系电话：010 －82520013；传真号码：010 －82520014。

五、高校确认录取后将台湾学生信息报送普通高等学校联合招收华侨港澳地区及台湾省学生办公室，由该办公室统一办理所有台湾学生入学录取手续，并将所有录取名单报我部高校学生司在网上实施电子注册。

六、请各地各部门尽快将通知转发至所属有关高等学校。

教育部　财政部　人力资源社会保障部　国务院港澳事务办公室　国务院台湾事务办公室关于将在内地（大陆）就读的港澳台大学生纳入城镇居民基本医疗保险范围的通知

（2013年10月10日　教港澳台〔2013〕69号）

各省、自治区、直辖市人民政府，国务院各部委、各直属机构，教育部直属各高等学校：

为了更好地保障在内地（大陆）就读的港澳台大学生权益，经国务院同意，现就将其纳入城镇居民基本医疗保险范围相关事宜通知如下：

一、根据《国务院办公厅关于将大学生纳入城镇居民基本医疗保险试点范围的指导意见》（国办发〔2008〕119号），决定自2013年9月起，将在内地（大陆）各类全日制普通高等学校（包括民办高校）、科研院所接受普通高等学历教育的全日制港澳台学生（含本、专科生及硕士、博士研究生，以下简称港澳台大学生）纳入城镇居民基本医疗保险范围。

二、港澳台大学生按照属地原则，自愿参加高等教育机构所在地城镇居民基本医疗保险，按照与所在高等教育机构内地（大陆）大学生同等标准缴费，并享受同等的基本医疗保险待遇。同时按照现有规定继续做好港澳台大学生日常医疗工作，方便其及时就医。

三、各级财政对港澳台大学生参加城镇居民基本医疗保险按照与所在高等教育机构内地（大陆）大学生相同的标准给予补助。港澳台大学生参加城镇居民基本医疗保险所需政府补助资金以及日常医疗所需资金，与所在高等教育机构内地（大陆）大学生所需资金一并从现有渠道安排。

四、尚未将大学生纳入城镇居民基本医疗保险范围的高等教育机构，原则上应向港澳台大学生提供与所在高等教育机构内地（大陆）大学生同样的医疗保障。

五、请各地区、各有关部门高度重视，切实加强组织领导和宣传工作。各有关高等教育机构要切实抓好港澳台大学生就医工作，为其提供优质服务。

计划生育

国家计划生育委员会印发《关于内地居民涉港生育问题的规定》的通知

（1998 年 12 月 11 日　国家计生委〔1998〕111 号）

各省、自治区、直辖市、计划单列市计划生育委员会：

为妥善解决内地居民涉港澳台生育有关问题和中国内地居民涉外生育有关问题，依据国家有关法律、法规，制定《关于内地居民涉港生育问题的规定》和《关于中国内地居民涉外生育问题的规定》，现印发给你们，请贯彻执行。

国家计划生育委员会关于内地居民涉港生育问题的规定

一、内地居民与香港居民结婚后在内地生育的，执行内地居民一方户口所在地有关生育政策的规定。

内地居民与香港居民结婚生育，在执行内地有关生育政策的规定时，香港居民一方结婚前已有的子女以及内地居民与香港居民结婚后生育的子女，不在内地定居的，不计算该子女数。

二、内地居民与香港居民结婚后，要求在内地生育并符合上述规定的，须出具具有法律效力的婚姻状况证明和生育状况证明，由内地居民一方按其户口所在地有关计划生育的法规和规定办理有关生育手续。

三、内地居民与香港居民结婚后，符合规定的生育条件，但未办理有关生育手续而生育子女的，补办有关生育手续后免予处理；未婚生育第一个子女的，补办结婚登记和有关生育手续后，可以减轻或免予处理。

四、内地居民与香港居民结婚后，内地居民一方在香港合法定居后，不执行内地有关计划生育的法律、法规和规定。

五、内地居民涉台湾、澳门生育的有关问题，参照上述规定执行。

社保、就业

劳动部 人事部 财政部 公安部 司法部 国家外汇管理局关于台胞 台属赴台湾地区定居有关待遇等问题的规定

（1989 年 12 月 20 日 劳险字〔1989〕27 号）

各省、自治区、直辖市、计划单列市人民政府，国务院各部委、各直属机构：

为了妥善解决台胞、台属赴台湾地区定居的有关问题，经报请国务院批准，特作如下规定，请按照执行。

一、内地台胞、台属赴台湾地区定居，按有关规定，向公安机关申请办理去台证件。台胞、台属因私事短期出国或去港澳地区后，要求（包括本人来信或委托亲友代办）赴台湾地区定居的，不予办理有关待遇等手续。台胞、台属在因私事短期赴台期间，已获得入台定居许可的，可按下列规定办理有关待遇等手续。

二、经批准赴台湾地区定居的国营企业、事业单位和党政机关、人民团体的台胞、台属职工（包括离休、退休、退职人员）其待遇如下：

（一）赴台湾地区定居的离休、退休、退职人员的离休费、退休费、退职生活费与内地离休、退休、退职人员享受同等待遇。其离休费、退休费、退职生活费及副食品价格补贴、粮（煤）价补贴、企业、事业单位职工的因工（公）残废补助费以及由民政部门支付的残废金等，由支付离休、退休、退职待遇的单位发给（残废金由支付离休费、退休费、退职生活费的单位向本人原居住地的民政部门领取），或由受委托的内地亲友代领，直至本人去世为止。

赴台湾地区定居的离休、退休、退职人员，每半年需提供一份由当地公证机关出具的本人生存证明书。支付单位凭上述证明支付应得的款项。

（二）赴台湾地区定居的离休、退休、退职人员死亡后的各项待遇，由支付离休费、退休费、退职生活费的单位，按照国家有关的现行规定执行。已在台湾地区定居的直系亲属须向支付离休、退休、退职待遇的单位提供由当地公证机关出具的离休、退休、退职人员的死亡证明书和其所供养的直系亲属生存证明书及与死者的亲属关系证明书，方可享受本款规定的各项待遇。

（三）凡不符合国家规定的离休、退休、退职条件的在职职工，获准赴台湾地区定居的，所在单位可以一次性发给离职费，具体标准如下：

连续工龄满一至十年的，每满一年发给一个月的本人标准工资（国家机关、事业单位为基础工资、职务工资、工龄津贴三项之和，下同）；连续工龄在十年以上的，从第十一年起，每满一年发给一个半月的本人标准工资。满一年的尾数，不足六个月的，按半年计算，超过六个月的，按一年计算。离职费的总额，最高以本人二十四个月的标准工资为限。连续工龄不满一年的，发给一个月的本人标准工资。计算离职费时，应该包括副食品价格补贴。

（四）凡获准赴台湾地区定居的人员，均按照财政部关于差旅费开支的规定标准，由工作单位发给本人及随同出境定居的供养直系亲属从住地至出境口岸的车、船费，行李搬运费，旅馆费和伙食补助费。

支付本条第（一）、（二）、（三）款待遇所需的外汇，由当地中国银行按照国家外汇管理局的有关规定办理。

三、赴台湾地区定居的离休、退休、退职人员，经批准又回内地居住的，原支付离休费、退休费、退职生活费的单位，应该按照离休、退休、退职的有关规定继续支付应得的待遇。对又回内地居住的离职人员，经批准恢复工作的，原领取的离职费，应予退还。确有困难的，经所在单位领导批准，可以分期退还。

四、对批准赴台湾地区定居的台胞、台属，国家外汇管理局各地分局凭公安机关出入境管理部门签发去台有效证件和当地台办出具的赴台定居的换汇证明，批给每人二百美元外汇额度。已从境外汇入外汇的，允许其复带出境。

五、集体所有制企业、事业单位离休、退休、退职、离职人员赴台湾地区定居的有关待遇问题，由各省、自治区、直辖市规定，其手续可以参照本规定办理。

六、本规定由劳动部解释，自下达之日起执行。

台湾香港澳门居民在内地就业管理规定

（2005 年 6 月 14 日　劳动和社会保障部令第 26 号发布）

第一条　为维护台湾居民、香港和澳门居民中的中国公民（以下简称台、港、澳人员）在内地就业的合法权益，加强内地用人单位聘雇台、港、澳人员的管理，根据《中华人民共和国劳动法》和有关法律、行政法规，制定本规定。

第二条　本规定适用于在内地就业的台、港、澳人员和聘雇或者接受被派遣台、港、澳人员的内地企业事业单位、个体工商户以及其他依法登记的组织（以下简称用人单位）。

台湾、香港、澳门地区专家在内地就业的管理，国家另有规定的，从其规定。

第三条　本规定所称在内地就业的台、港、澳人员，是指：

（一）与用人单位建立劳动关系的人员；

（二）在内地从事个体经营的香港、澳门人员；

（三）与境外或台、港、澳地区用人单位建立劳动关系并受其派遣到内地一年内（公历年 1 月 1 日起至 12 月 31 日止）在同一用人单位累计工作三个月以上的人员。

第四条　台、港、澳人员在内地就业实行就业许可制度。用人单位拟聘雇或者接受被派遣台、港、澳人员的，应当为其申请办理《台港澳人员就业证》（以下简称就业证）；香港、澳门人员在内地从事个体工商经营的，应当由本人申请办理就业证。经许可并取得就业证的台、港、澳人员在内地就业受法律保护。

用人单位聘雇或者接受被派遣台、港、澳人员，实行备案制度。

就业证由劳动保障部统一印制。

第五条 用人单位聘雇或者接受被派遣台、港、澳人员，应当遵守国家的法律、法规。

第六条 用人单位拟聘雇或者接受被派遣的台、港、澳人员，应当具备下列条件：

（一）年龄18至60周岁（直接参与经营的投资者和内地急需的专业技术人员可超过60周岁）；

（二）身体健康；

（三）持有有效旅行证件（包括内地主管机关签发的台湾居民来往大陆通行证、港澳居民往来内地通行证等有效证件）；

（四）从事国家规定的职业（技术工种）的，应当按照国家有关规定，具有相应的资格证明；

（五）法律、法规规定的其他条件。

第七条 用人单位为台、港、澳人员在内地就业申请办理就业证，应当向所在地的地（市）级劳动保障行政部门提交《台湾香港澳门居民就业申请表》和下列有效文件：

（一）用人单位营业执照或登记证明；

（二）拟聘雇或者接受被派遣人员的个人有效旅行证件；

（三）拟聘雇或者接受被派遣人员的健康状况证明；

（四）聘雇意向书或者任职证明；

（五）拟聘雇人员从事国家规定的职业（技术工种）的，提供拟聘雇人员相应的职业资格证书；

（六）法律、法规规定的其他文件。

第八条 劳动保障行政部门应当自收到用人单位提交的《台湾香港澳门居民就业申请表》和有关文件之日起10个工作日内作出就业许可决定。对符合本规定第六条规定条件的，准予就业许可，颁发就业证；对不符合本规定第六条规定条件不予就业许可的，应当以书面形式告知用人单位并说明理由。

第九条 用人单位应当持就业证到颁发该证的劳动保障行政部门办理聘雇台、港、澳人员登记备案手续。

第十条 香港、澳门人员在内地从事个体工商经营的，由本人持个体经营执照、健康证明和个人有效旅行证件向所在地的地（市）级劳动保障行政部门申请办理就业证。劳动保障行政部门应当自收到香港、澳门人员提交的文件之日起5个工作日内办理。

第十一条 用人单位与聘雇的台、港、澳人员应当签订劳动合同，并按照《社会保险费征缴暂行条例》的规定缴纳社会保险费。

第十二条 用人单位与聘雇的台、港、澳人员终止或者解除劳动合同，或者被派遣台、港、澳人员任职期满的，用人单位应当自终止、解除劳动合同或者台、港、澳人员任职期满之日起10个工作日内，到原发证机关办理就业证注销手续。

在内地从事个体工商经营的香港、澳门人员歇业或者停止经营的，应当在歇业或者停止经营之日起30日内到颁发该证的劳动保障行政部门办理就业证注销手续。

第十三条 就业证遗失或损坏的，用人单位应当向颁发该证的劳动保障行政部门申请为台、港、澳人员补发就业证。

第十四条 台、港、澳人员的就业单位应当与就业证所注明的用人单位一致。用人单位变更的，应当由变更后的用人单位到所在地的地（市）级劳动保障行政部门为台、港、澳人员重新申请办理就业证。

第十五条 用人单位与聘雇的台、港、澳人员之间发生劳动争议，依照国家有关劳动争议处理的规定处理。

第十六条 用人单位聘雇或者接受被派遣台、港、澳人员，未为其办理就业证或未办理备案手续的，由劳动保障行政部门责令其限期改正，并可以处1000元罚款。

第十七条 用人单位与聘雇台、港、澳人员终止、解除劳动合同或者台、港、澳人员任职期满，用人单位未办理就业证注销手续的，由劳动保障行政部门责令改正，并可以处1000元罚款。

第十八条 用人单位伪造、涂改、冒用、转让就业证的，由劳动保障行政部门责令其改正，并处1000元罚款，该用人单位一年内不得聘雇台、港、澳人员。

第十九条 本规定自2005年10月1日起施行。原劳动部1994年2月21日颁布的《台湾和香港、澳门居民在内地就业管理规定》同时废止。

人事部　建设部　国务院台湾事务办公室关于允许台湾地区居民取得注册建筑师资格有关问题的通知

（2006 年 12 月 4 日　国人部发〔2006〕131 号）

各省、自治区、直辖市人事厅（局）、建设厅（建委、规委）、台办，国务院各部委、各直属机构人事部门，中央管理的企业：

为促进两岸建筑领域专业技术人才交流，经人事部、建设部、国务院台湾事务办公室研究，现就允许台湾地区居民取得注册建筑师资格有关问题通知如下：

一、自 2007 年度起，凡符合注册建筑师资格考试报名条件的台湾地区居民，均可在大陆的任何省、自治区、直辖市的注册建筑师资格考试考务管理机构，报名参加全国统一组织的一级注册建筑师资格和二级注册建筑师资格考试，在规定的期限内，通过相应级别注册建筑师资格全部科目考试的人员，可获得该级别注册建筑师资格证书。

二、对部分符合注册建筑师资格评估认定条件的台湾地区知名资深建筑师，开展一次评估认定工作。经评估认定合格人员，可获得一级注册建筑师资格证书，具备相应条件者可申请注册执业。

附件：

台湾地区居民取得注册建筑师资格的具体办法

台湾地区居民可通过参加全国统一考试方式取得相应级别注册建筑师资格证书。台湾地区部分知名资深建筑师可通过一次性评估认定方式取得一级注册建筑师资格证书。

一、通过全国统一考试方式取得注册建筑师资格

（一）考试报名条件

在大陆工作的台湾地区居民（以下简称台湾居民），符合注册建筑师条例和全国注册建筑师管理委员会规定的考试报名条件，均可报名参加全国一级、二级注册建筑师资格的考试。

（二）考试科目与成绩管理

1. 一级注册建筑师资格考试设《设计前期与场地设计》、《建筑设计》、《建筑结构》、《建筑物理与建筑设备》、《建筑材料与构造》、《建筑经济、施工与设计业务管理》、《建筑方案设计（作图）》、《建筑技术设计（作图）》和《场地设计（作图）》9个科目。各科目考试合格成绩实行5年滚动管理。在连续5个考试年度内，通过全部（9个）科目的考试，方可获得一级注册建筑师资格证书。

2. 二级注册建筑师资格考试设《建筑结构与设备》、《法律、法规、经济与施工》、《场地与建筑设计（作图）》和《建筑构造与详图（作图）》4个科目。各科目考试合格成绩实行2年滚动管理。在连续2个考试年度内，通过全部（4个）科目的考试，方可获得二级注册建筑师资格证书。

（三）考试有关要求

1. 申请参加注册建筑师资格考试的台湾居民，可按照就近和自愿的原则，向大陆的任何省、自治区、直辖市注册建筑师资格考试考务管理机构提出申请，由该省（区、市）注册建筑师管理委员会进行报名资格审查。

经审查合格，由考试考务管理机构核发准考证并安排考场。申请人凭准考证在指定的时间、地点参加考试。

2. 台湾居民在报名时，应提交《台湾居民来往大陆通行证》、所在建设工程设计单位出具的职业年限证明、国务院教育行政部门认可的建筑学专业学历或学位。

3. 对一级注册建筑师资格考试报名条件中有关“完成规定的职业实践”的要求，按照全国注册建筑师管理委员会规定的办法掌握。

4. 由于全国注册建筑师资格考试各科目成绩均实行滚动管理，台湾居民报名和参加考试的地点应相对固定。确因工作原因，需到异地继续参加全国注册建筑师资格剩余科目考试的，在异地报名时，应向当地省（区、市）级注册建筑师资格考试考务管理机构提交本人上次参加相应级别注册建筑师资格考试的档案号，以便合成考试成绩和发放资格证书。

5. 台湾居民参加全国注册建筑师资格考试全部科目合格后，应在最后一个考试科目通过地的省、自治区、直辖市人事厅（局）办理领取相应级别资格证书手续。

6. 注册建筑师资格考试费按照《国家计委办公厅关于调整注册建筑师和注册结构工程师考试、注册收费标准的通知》（计办价格〔2000〕299号）规定执行。考试报名费按照参加考试所在地省（区、市）价格部门批准的标准执行。

二、通过一次性评估认定方式取得一级注册建筑师资格

对部分符合一级注册建筑师资格评估认定条件的台湾地区知名资深建筑师，开展一次性评估认定工作，经评估认定合格人员，可获得一级注册建筑师资格证书。具体时间和安排另行通知。

（一）评估认定的基本条件

1. 取得国务院教育行政部门认可的建筑学专业大学本科以上学历；

2. 从事建筑设计工作满20年，并主持过大型工程项目的建筑设计工作不少于3项（参照大陆建设工程项目规模划分标准）；

3. 具有大陆建筑设计工作经历，参与或合作完成民用建筑工程中型及

以上工程项目不少于2项；

4. 参加大陆相关法律法规培训，并经测试合格。

（二）培训与测试

1. 培训（含测试）时间为2天，采用普通话授课方式进行。培训内容包括：相关法律、相关法规、部门规章和制度要求4个部分。

2. 测试包括笔试和面试，笔试时间为120分钟，采用汉语纸笔作答方式进行。面试时间为30分钟。

（三）评估认定工作程序

1. 符合评估认定基本条件的申请人，可向全国注册建筑师管理委员会提交有关评估认定的申请材料。

2. 由全国注册建筑师管理委员会按照规定条件，对申请参加评估认定一级注册建筑师资格的台湾地区知名资深建筑师材料进行审查。

3. 经全国注册建筑师管理委员会审查合格的人员，方可参加全国注册建筑师管理委员会组织进行的相关培训与测试。

4. 参加培训并测试合格的，由全国注册建筑师管理委员会报人事部、建设部、国务院台湾事务办公室批准，颁发一级注册建筑师资格证书，并向社会公布获得资格证书人员名单。

（四）注册执业申请

通过评估认定取得一级注册建筑师资格证书、并在大陆工作的人员，可向全国注册建筑师管理委员会提出注册申请。由全国注册建筑师管理委员会按照注册建筑师条例有关要求对其申请注册的材料进行审核，对符合条件的申请人颁发一级注册建筑师注册证书和执业印章。

外交部　财政部　人事部　劳动和社会保障部关于出境定居离退休、退职人员办理健在证明有关问题的通知

（2007 年 2 月 15 日　外领函〔2007〕35 号）

各省、自治区、直辖市人民政府财政、人事、劳动保障（局），国务院各部委、各直属机构人事（干部）部门，新疆生产建设兵团财政、人事局，各驻外使、领馆、处，驻香港、澳门公署：

随着我国对外交往的不断扩大，越来越多的离退休、退职人员出境定居。这些人员的离退休费、退职生活费或养老金仍由国内有关部门发放。为领取上述费用，当事人须定期向有关部门提供我驻外使领馆出具的健在证明。为简化办证程序，提高工作效率，更好地贯彻“以人为本”的执政理念，推进和谐社会建设，现对驻外使领馆健在证明办理方式做如下调整：

一、自 2007 年 4 月 1 日起将健在证明的形式由原健在公证书改为“出境定居离退休人员健在确认表”，该表分上下两联，上联由驻外使领馆留存，下联由申请人提交国内有关部门。

二、申请人应持本人有效护照、居留证和离退休证到我驻其居住国使领馆申办并填写上述健在确认表。领事官员审核认定后，在表上加盖使领馆印章（设有领事部的使馆可使用领事部印章）。该健在确认表即办即取，不收取费用。

三、如申请人因年老体弱或路途遥远等原因，不能亲自前往使领馆申办，可委托他人代为办理。代理人须提交本人有效护照、居留证和申请人

有效护照、居留证和离退休证的复印件及委托公证书（无委托公证书，可提交申请人书面委托及信誉可靠的华侨华人社团证明）。连续3年委托他人代为办理的，第4年原则上应由申请人自行到使领馆办理一次。

四、如申请人向居住国主管部门申办了健在证明公证、认证手续，我驻该国使领馆可为其办理领事认证。

五、对居住在尚未与我国建交国家的申请人，由我驻该国有关机构（如：商代处等）或有关代管馆办理上述健在确认表或领事认证。

六、在国外生活的享受遗属补助人员以及短期在国外生活的离退休、退职人员如需办理健在证明，可参照上述办法办理。

七、驻外使领馆可自行在当地印制上述健在确认表（应成册印制），无法在当地印制的馆可向外交部领事司申请调拨。

八、对办理健在证明的上述有关材料按规定单独立卷归档，保存期限为4年。当事人提交的申请材料不需与健在确认表（存根）合订，但为便于查核和管理，其申请材料上应编入与健在确认表上相一致的编号。

其他有关出境定居离退休、退职人员待遇问题仍按《劳动人事部、国务院侨务办公室、中国银行、中华全国总工会关于获准出国定居的退休、退职人员待遇问题的通知》（劳人劳〔1982〕42号）和《国务院侨务办公室、人事部、外交部、劳动部、财政部关于归侨、侨眷离休、退休、退职人员因私事出境有关待遇的通知》（〔92〕侨内会字第20号）文件等有关规定执行。

人事部　国务院台湾事务办公室关于向台湾居民开放部分专业技术人员资格考试有关问题的通知

（2007 年 5 月 30 日　国人部发〔2007〕78 号）

各省、自治区、直辖市人事厅（局）、台办，国务院有关部委、有关直属机构人事部门：

为促进海峡两岸专业技术人员的交流与合作，经与国务院有关部门研究，从今年起再向台湾居民开放 15 类（项）专业技术人员资格考试。现将开放专业技术人员资格考试的有关问题通知如下：

一、开放专业技术人员资格考试的 15 类（项）专业名称分别为：经济、会计、卫生、计算机技术与软件、质量管理、翻译、拍卖师、执业药师、棉花质量检验师、注册资产评估师（含珠宝评估专业）、房地产估价师、房地产经纪人、造价工程师、注册咨询工程师（投资）和注册税务师。

二、自本通知发布后，凡符合上述 15 类（项）专业技术人员资格考试报名条件的台湾居民，均可按照就近和自愿的原则，在大陆的任何省、自治区、直辖市相应专业考试考务管理机构指定的地点报名并参加考试。

三、需要报名参加相应专业考试的台湾居民，应按照人事部办公厅发布的本年度专业技术人员资格考试工作计划要求，并根据所在地的省级相应专业考试考务管理机构规定的报名日期、程序和相关要求，到当地考试报名机构办理考试报名手续。

四、在报名时，台湾居民应向当地考试报名机构提交《台湾居民来往大陆通行证》。凡本专业考试报名条件中有专业学历和从事相关专业工作年限规定的，还应提交国务院教育行政部门认可的相应专业学历或学位证书和本人工作单位出具的从事相应专业工作年限的证明。

经本专业考试考务管理机构审查合格后，向申请人核发准考证、安排考场。申请人凭准考证在指定的时间、地点参加本专业考试。

五、由于部分专业考试科目的成绩实行滚动管理办法，台湾居民报名和参加同一专业各科目考试的地点应相对固定。确有特殊情况，需在异地报名并参加剩余科目考试的，在报名时应按规定向当地考试管理机构提交本人上次参加本专业考试的档案号，以便合成考试成绩和颁发资格证书。

六、各省、自治区、直辖市人事厅（局）、台办和相应专业考试管理机构，应积极做好台湾居民报名参加新开放的15类（项）专业技术人员资格考试的相关准备工作，并继续做好已开放的珠宝玉石质量检验师资格和注册建筑师资格考试的相关工作。在开展台湾居民参加专业技术人员资格考试的工作中，要严格执行国家的有关规定，提供热情周到的服务，确保台湾居民顺利有序地参加相应专业的考试。

本次开放考试的15类（项）专业技术人员资格制度规定中，有关条款与本通知精神不符的，以本通知为准。

人事部　建设部关于台湾居民参加全国房地产估价师资格考试报名条件有关问题的通知

（2007 年 8 月 9 日　国人厅发〔2007〕116 号）

各省、自治区、直辖市人事厅（局）、建设厅（建委、房地局），新疆生产建设兵团人事局、建设局：

根据人事部、国务院台湾事务办公室《关于向台湾居民开放部分专业技术人员资格考试有关问题的通知》（国人部发〔2007〕78 号）精神，为做好台湾居民报名参加全国房地产估价师资格考试工作，现就报名条件中有关房地产估价相关学科专业学历问题通知如下：

一、符合建设部、人事部联合下发的《房地产估价师执业资格制度暂行规定》（建房〔1995〕147 号）中考试报名条件的台湾居民，均可按照就近、自愿的原则和规定的程序，在大陆任何省、自治区、直辖市房地产估价师考试考务管理机构指定的地点，报名参加全国房地产估价师资格考试。

二、经国务院教育行政部门认可的，台湾院校的不动产估价、不动产经营、土地管理、建筑、都市计划（或区域及都市计划）和不动产管理与开发学科的专业学历证书，可视同为全国房地产估价师资格考试报名条件中相关学科的专业学历。

请各省、自治区、直辖市人事行政部门和建设行政主管部门按照国人部发〔2007〕78 号文件精神和本通知要求，认真做好台湾居民报名参加考试及有关工作。

人力资源和社会保障部　国务院台湾事务办公室关于再向台湾居民开放部分专业技术人员资格考试有关问题的通知

（2009 年 5 月 27 日　人社部发〔2009〕54 号）

各省、自治区、直辖市人力资源社会保障（人事、劳动保障）厅（局）、台办，国务院有关部委、有关直属机构人事部门：

为积极推动两岸关系和平发展，深化两岸专业技术人员的交流与合作，经与国务院各有关部门研究，人力资源社会保障部、国务院台办决定再向台湾居民开放 10 类（11 项）专业技术人员资格考试。现将有关问题通知如下：

一、新开放的 10 类（11 项）专业技术人员资格考试的名称分别为：统计、审计、价格鉴证师、社会工作者、国际商务、土地登记代理人、环境影响评价工程师、企业法律顾问、注册安全工程师、勘察设计领域的注册结构工程师和注册土木工程师（岩土）。

二、自本通知发布之日起，凡符合上述 10 类（11 项）专业技术人员资格考试报名条件的台湾居民，均可按照就近和自愿原则，在大陆的任何省、自治区、直辖市相应专业考试考务管理机构指定的地点参加考试。

三、需要参加相应专业考试的台湾居民，应按照人力资源社会保障部办公厅印发的《2009 年度专业技术人员资格考试工作计划》（人社厅发〔2008〕75 号）安排，并根据所在地的省级相应专业考试考务管理机构规定的报名日期、报名地点和相关要求，到当地考试报名机构办理报名手续。

四、在报名时，台湾居民应向考试报名机构提交《台湾居民来往大陆通行证》。凡相应专业考试的报名条件中有专业学历和从事相关专业工作年限规定的，还应提交国务院教育行政部门认可的相应专业学历（学位）证书和本人工作单位出具的从事相应专业工作年限（或实践要求）的证明。

经考试考务管理机构审查合格后，向考试申请人核发准考证，并安排考场。申请人凭准考证指定的时间、地点参加本专业的考试。

五、由于部分专业考试科目的成绩实行滚动管理的办法，台湾居民报名和参加同一专业各科目考试的地点应相对固定。确有特殊情况，需在异地报名参加剩余科目考试的，在报名时应按规定向当地考试管理机构提交本人上次参加本专业其他科目考试所用的档案号，以便各科目考试成绩的合成和证书颁发。

六、各省、自治区、直辖市人力资源社会保障（人事、劳动保障）厅（局）、台办和相应专业考试考务管理机构应抓紧做好台湾居民报名参加新开放的10类（11项）专业技术人员资格考试的相关准备工作，并继续做好已开放的17类（项）考试的相关工作。

在开展台湾居民参加专业技术人员资格考试的工作中，要严格执行国家的有关规定，提供热情周到的服务，确保台湾居民顺利有序地参加相应专业的考试。

本次开放的10类（11项）专业技术人员资格考试制度规定中，有关条款与本通知精神不符的，以本通知为准。

国务院办公厅关于转发人力资源社会保障部财政部城镇企业职工基本养老保险关系转移接续暂行办法的通知

（2009年12月28日　国办发〔2009〕66号）

各省、自治区、直辖市人民政府，国务院各部委、各直属机构：

人力资源社会保障部、财政部《城镇企业职工基本养老保险关系转移接续暂行办法》已经国务院同意，现转发给你们，请结合实际，认真贯彻执行。

城镇企业职工基本养老保险关系转移接续暂行办法

第一条　为切实保障参加城镇企业职工基本养老保险人员（以下简称参保人员）的合法权益，促进人力资源合理配置和有序流动，保证参保人员跨省、自治区、直辖市（以下简称跨省）流动并在城镇就业时基本养老保险关系的顺畅转移接续，制定本办法。

第二条　本办法适用于参加城镇企业职工基本养老保险的所有人员，包括农民工。已经按国家规定领取基本养老保险待遇的人员，不再转移基本养老保险关系。

第三条　参保人员跨省流动就业的，由原参保所在地社会保险经办机构（以下简称社保经办机构）开具参保缴费凭证，其基本养老保险关系应随同转移到新参保地。参保人员达到基本养老保险待遇领取条件的，其在各地的参保缴费年限合并计算，个人账户储存额（含本息，下同）累计计算；未达到待遇领取年龄前，不得终止基本养老保险关系并办理退保手续；其中出国定居和到香港、澳门、台湾地区定居的，按国家有关规定执行。

第四条 参保人员跨省流动就业转移基本养老保险关系时，按下列方法计算转移资金：

（一）个人账户储存额：1998 年 1 月 1 日之前按个人缴费累计本息计算转移，1998 年 1 月 1 日后按记入个人账户的全部储存额计算转移。

（二）统筹基金（单位缴费）：以本人 1998 年 1 月 1 日后各年度实际缴费工资为基数，按 12% 的总和转移，参保缴费不足 1 年的，按实际缴费月数计算转移。

第五条 参保人员跨省流动就业，其基本养老保险关系转移接续按下列规定办理：

（一）参保人员返回户籍所在地（指省、自治区、直辖市，下同）就业参保的，户籍所在地的相关社保经办机构应为其及时办理转移接续手续。

（二）参保人员未返回户籍所在地就业参保的，由新参保地的社保经办机构为其及时办理转移接续手续。但对男性年满 50 周岁和女性年满 40 周岁的，应在原参保地继续保留基本养老保险关系，同时在新参保地建立临时基本养老保险缴费账户，记录单位和个人全部缴费。参保人员再次跨省流动就业或在新参保地达到待遇领取条件时，将临时基本养老保险缴费账户中的全部缴费本息，转移归集到原参保地或待遇领取地。

（三）参保人员经县级以上党委组织部门、人力资源社会保障行政部门批准调动，且与调入单位建立劳动关系并缴纳基本养老保险费的，不受以上年龄规定限制，应在调入地及时办理基本养老保险关系转移接续手续。

第六条 跨省流动就业的参保人员达到待遇领取条件时，按下列规定确定其待遇领取地：

（一）基本养老保险关系在户籍所在地的，由户籍所在地负责办理待遇领取手续，享受基本养老保险待遇。

（二）基本养老保险关系不在户籍所在地，而在其基本养老保险关系所在地累计缴费年限满10年的，在该地办理待遇领取手续，享受当地基本养老保险待遇。

（三）基本养老保险关系不在户籍所在地，且在其基本养老保险关系所在地累计缴费年限不满10年的，将其基本养老保险关系转回上一个缴费年限满10年的原参保地办理待遇领取手续，享受基本养老保险待遇。

（四）基本养老保险关系不在户籍所在地，且在每个参保地的累计缴费年限均不满10年的，将其基本养老保险关系及相应资金归集到户籍所在地，由户籍所在地按规定办理待遇领取手续，享受基本养老保险待遇。

第七条 参保人员转移接续基本养老保险关系后，符合待遇领取条件的，按照《国务院关于完善企业职工基本养老保险制度的决定》（国发〔2005〕38号）的规定，以本人各年度缴费工资、缴费年限和待遇领取地对应的各年度在岗职工平均工资计算其基本养老金。

第八条 参保人员跨省流动就业的，按下列程序办理基本养老保险关系转移接续手续：

（一）参保人员在新就业地按规定建立基本养老保险关系和缴费后，由用人单位或参保人员向新参保地社保经办机构提出基本养老保险关系转移接续的书面申请。

（二）新参保地社保经办机构在15个工作日内，审核转移接续申请，对符合本办法规定条件的，向参保人员原基本养老保险关系所在地的社保经办机构发出同意接收函，并提供相关信息；对不符合转移接续条件的，向申请单位或参保人员作出书面说明。

（三）原基本养老保险关系所在地社保经办机构在接到同意接收函的15个工作日内，办理好转移接续的各项手续。

（四）新参保地社保经办机构在收到参保人员原基本养老保险关系所

在地社保经办机构转移的基本养老保险关系和资金后，应在15个工作日内办结有关手续，并将确认情况及时通知用人单位或参保人员。

第九条 农民工中断就业或返乡没有继续缴费的，由原参保地社保经办机构保留其基本养老保险关系，保存其全部参保缴费记录及个人账户，个人账户储存额继续按规定计息。农民工返回城镇就业并继续参保缴费的，无论其回到原参保地就业还是到其他城镇就业，均按前述规定累计计算其缴费年限，合并计算其个人账户储存额，符合待遇领取条件的，与城镇职工同样享受基本养老保险待遇；农民工不再返回城镇就业的，其在城镇参保缴费记录及个人账户全部有效，并根据农民工的实际情况，或在其达到规定领取条件时享受城镇职工基本养老保险待遇，或转入新型农村社会养老保险。

农民工在城镇参加企业职工基本养老保险与在农村参加新型农村社会养老保险的衔接政策，另行研究制定。

第十条 建立全国县级以上社保经办机构联系方式信息库，并向社会公布，方便参保人员查询参保缴费情况，办理基本养老保险关系转移接续手续。加快建立全国统一的基本养老保险参保缴费信息查询服务系统，发行全国通用的社会保障卡，为参保人员查询参保缴费信息提供便捷有效的技术服务。

第十一条 各地已制定的跨省基本养老保险关系转移接续相关政策与本办法规定不符的，以本办法规定为准。在省、自治区、直辖市内的基本养老保险关系转移接续办法，由各省级人民政府参照本办法制定，并报人力资源社会保障部备案。

第十二条 本办法所称缴费年限，除另有特殊规定外，均包括视同缴费年限。

第十三条 本办法从2010年1月1日起施行。

中华人民共和国社会保险法

（2010年10月28日第十一届全国人民代表大会常务委员会第十七次会议通过）

第一章　总　　则

第一条　为了规范社会保险关系，维护公民参加社会保险和享受社会保险待遇的合法权益，使公民共享发展成果，促进社会和谐稳定，根据宪法，制定本法。

第二条　国家建立基本养老保险、基本医疗保险、工伤保险、失业保险、生育保险等社会保险制度，保障公民在年老、疾病、工伤、失业、生育等情况下依法从国家和社会获得物质帮助的权利。

第三条　社会保险制度坚持广覆盖、保基本、多层次、可持续的方针，社会保险水平应当与经济社会发展水平相适应。

第四条　中华人民共和国境内的用人单位和个人依法缴纳社会保险费，有权查询缴费记录、个人权益记录，要求社会保险经办机构提供社会保险咨询等相关服务。

个人依法享受社会保险待遇，有权监督本单位为其缴费情况。

第五条　县级以上人民政府将社会保险事业纳入国民经济和社会发展规划。

国家多渠道筹集社会保险资金。县级以上人民政府对社会保险事业给予必要的经费支持。

国家通过税收优惠政策支持社会保险事业。

第六条　国家对社会保险基金实行严格监管。

国务院和省、自治区、直辖市人民政府建立健全社会保险基金监督管理制度，保障社会保险基金安全、有效运行。

县级以上人民政府采取措施，鼓励和支持社会各方面参与社会保险基金的监督。

第七条 国务院社会保险行政部门负责全国的社会保险管理工作，国务院其他有关部门在各自的职责范围内负责有关的社会保险工作。

县级以上地方人民政府社会保险行政部门负责本行政区域的社会保险管理工作，县级以上地方人民政府其他有关部门在各自的职责范围内负责有关的社会保险工作。

第八条 社会保险经办机构提供社会保险服务，负责社会保险登记、个人权益记录、社会保险待遇支付等工作。

第九条 工会依法维护职工的合法权益，有权参与社会保险重大事项的研究，参加社会保险监督委员会，对与职工社会保险权益有关的事项进行监督。

第二章　基本养老保险

第十条 职工应当参加基本养老保险，由用人单位和职工共同缴纳基本养老保险费。

无雇工的个体工商户、未在用人单位参加基本养老保险的非全日制从业人员以及其他灵活就业人员可以参加基本养老保险，由个人缴纳基本养老保险费。

公务员和参照公务员法管理的工作人员养老保险的办法由国务院规定。

第十一条 基本养老保险实行社会统筹与个人账户相结合。

基本养老保险基金由用人单位和个人缴费以及政府补贴等组成。

第十二条 用人单位应当按照国家规定的本单位职工工资总额的比例缴纳基本养老保险费，记入基本养老保险统筹基金。

职工应当按照国家规定的本人工资的比例缴纳基本养老保险费，记入个人账户。

无雇工的个体工商户、未在用人单位参加基本养老保险的非全日制从业人员以及其他灵活就业人员参加基本养老保险的，应当按照国家规定缴纳基本养老保险费，分别记入基本养老保险统筹基金和个人账户。

第十三条 国有企业、事业单位职工参加基本养老保险前，视同缴费年限期间应当缴纳的基本养老保险费由政府承担。

基本养老保险基金出现支付不足时，政府给予补贴。

第十四条 个人账户不得提前支取，记账利率不得低于银行定期存款利率，免征利息税。个人死亡的，个人账户余额可以继承。

第十五条 基本养老金由统筹养老金和个人账户养老金组成。

基本养老金根据个人累计缴费年限、缴费工资、当地职工平均工资、个人账户金额、城镇人口平均预期寿命等因素确定。

第十六条 参加基本养老保险的个人，达到法定退休年龄时累计缴费满十五年的，按月领取基本养老金。

参加基本养老保险的个人，达到法定退休年龄时累计缴费不足十五年的，可以缴费至满十五年，按月领取基本养老金；也可以转入新型农村社会养老保险或者城镇居民社会养老保险，按照国务院规定享受相应的养老保险待遇。

第十七条 参加基本养老保险的个人，因病或者非因工死亡的，其遗属可以领取丧葬补助金和抚恤金；在未达到法定退休年龄时因病或者非因工致残完全丧失劳动能力的，可以领取病残津贴。所需资金从基本养老保险基金中支付。

第十八条 国家建立基本养老金正常调整机制。根据职工平均工资增长、物价上涨情况，适时提高基本养老保险待遇水平。

第十九条 个人跨统筹地区就业的，其基本养老保险关系随本人转移，缴费年限累计计算。个人达到法定退休年龄时，基本养老金分段计算、统一支付。具体办法由国务院规定。

第二十条 国家建立和完善新型农村社会养老保险制度。

新型农村社会养老保险实行个人缴费、集体补助和政府补贴相结合。

第二十一条 新型农村社会养老保险待遇由基础养老金和个人账户养老金组成。

参加新型农村社会养老保险的农村居民，符合国家规定条件的，按月领取新型农村社会养老保险待遇。

第二十二条 国家建立和完善城镇居民社会养老保险制度。

省、自治区、直辖市人民政府根据实际情况，可以将城镇居民社会养老保险和新型农村社会养老保险合并实施。

第三章 基本医疗保险

第二十三条 职工应当参加职工基本医疗保险，由用人单位和职工按照国家规定共同缴纳基本医疗保险费。

无雇工的个体工商户、未在用人单位参加职工基本医疗保险的非全日制从业人员以及其他灵活就业人员可以参加职工基本医疗保险，由个人按照国家规定缴纳基本医疗保险费。

第二十四条 国家建立和完善新型农村合作医疗制度。

新型农村合作医疗的管理办法，由国务院规定。

第二十五条 国家建立和完善城镇居民基本医疗保险制度。

城镇居民基本医疗保险实行个人缴费和政府补贴相结合。

享受最低生活保障的人、丧失劳动能力的残疾人、低收入家庭六十周岁以上的老年人和未成年人等所需个人缴费部分，由政府给予补贴。

第二十六条 职工基本医疗保险、新型农村合作医疗和城镇居民基本医疗保险的待遇标准按照国家规定执行。

第二十七条 参加职工基本医疗保险的个人，达到法定退休年龄时累计缴费达到国家规定年限的，退休后不再缴纳基本医疗保险费，按照国家规定享受基本医疗保险待遇；未达到国家规定年限的，可以缴费至国家规定年限。

第二十八条 符合基本医疗保险药品目录、诊疗项目、医疗服务设施标准以及急诊、抢救的医疗费用，按照国家规定从基本医疗保险基金中支付。

第二十九条 参保人员医疗费用中应当由基本医疗保险基金支付的部分，由社会保险经办机构与医疗机构、药品经营单位直接结算。

社会保险行政部门和卫生行政部门应当建立异地就医医疗费用结算制度，方便参保人员享受基本医疗保险待遇。

第三十条 下列医疗费用不纳入基本医疗保险基金支付范围：

（一）应当从工伤保险基金中支付的；

（二）应当由第三人负担的；

（三）应当由公共卫生负担的；

（四）在境外就医的。

医疗费用依法应当由第三人负担，第三人不支付或者无法确定第三人的，由基本医疗保险基金先行支付。基本医疗保险基金先行支付后，有权向第三人追偿。

第三十一条 社会保险经办机构根据管理服务的需要，可以与医疗机构、药品经营单位签订服务协议，规范医疗服务行为。

医疗机构应当为参保人员提供合理、必要的医疗服务。

第三十二条 个人跨统筹地区就业的，其基本医疗保险关系随本人转移，缴费年限累计计算。

第四章 工伤保险

第三十三条 职工应当参加工伤保险，由用人单位缴纳工伤保险费，职工不缴纳工伤保险费。

第三十四条 国家根据不同行业的工伤风险程度确定行业的差别费率，并根据使用工伤保险基金、工伤发生率等情况在每个行业内确定费率档次。行业差别费率和行业内费率档次由国务院社会保险行政部门制定，报国务院批准后公布施行。

社会保险经办机构根据用人单位使用工伤保险基金、工伤发生率和所属行业费率档次等情况，确定用人单位缴费费率。

第三十五条 用人单位应当按照本单位职工工资总额，根据社会保险经办机构确定的费率缴纳工伤保险费。

第三十六条 职工因工作原因受到事故伤害或者患职业病，且经工伤认定的，享受工伤保险待遇；其中，经劳动能力鉴定丧失劳动能力的，享受伤残待遇。

工伤认定和劳动能力鉴定应当简捷、方便。

第三十七条 职工因下列情形之一导致本人在工作中伤亡的，不认定为工伤：

（一）故意犯罪；

（二）醉酒或者吸毒；

（三）自残或者自杀；

（四）法律、行政法规规定的其他情形。

第三十八条 因工伤发生的下列费用，按照国家规定从工伤保险基金中支付：

（一）治疗工伤的医疗费用和康复费用；

（二）住院伙食补助费；

（三）到统筹地区以外就医的交通食宿费；

（四）安装配置伤残辅助器具所需费用；

（五）生活不能自理的，经劳动能力鉴定委员会确认的生活护理费；

（六）一次性伤残补助金和一至四级伤残职工按月领取的伤残津贴；

（七）终止或者解除劳动合同时，应当享受的一次性医疗补助金；

（八）因工死亡的，其遗属领取的丧葬补助金、供养亲属抚恤金和因工死亡补助金；

（九）劳动能力鉴定费。

第三十九条 因工伤发生的下列费用，按照国家规定由用人单位支付：

（一）治疗工伤期间的工资福利；

（二）五级、六级伤残职工按月领取的伤残津贴；

（三）终止或者解除劳动合同时，应当享受的一次性伤残就业补助金。

第四十条 工伤职工符合领取基本养老金条件的，停发伤残津贴，享受基本养老保险待遇。基本养老保险待遇低于伤残津贴的，从工伤保险基金中补足差额。

第四十一条 职工所在用人单位未依法缴纳工伤保险费，发生工伤事故的，由用人单位支付工伤保险待遇。用人单位不支付的，从工伤保险基金中先行支付。

从工伤保险基金中先行支付的工伤保险待遇应当由用人单位偿还。用人单位不偿还的，社会保险经办机构可以依照本法第六十三条的规定追偿。

第四十二条 由于第三人的原因造成工伤，第三人不支付工伤医疗费用或者无法确定第三人的，由工伤保险基金先行支付。工伤保险基金先行支付后，有权向第三人追偿。

第四十三条 工伤职工有下列情形之一的，停止享受工伤保险待遇：

（一）丧失享受待遇条件的；

（二）拒不接受劳动能力鉴定的；

（三）拒绝治疗的。

第五章 失业保险

第四十四条 职工应当参加失业保险，由用人单位和职工按照国家规定共同缴纳失业保险费。

第四十五条 失业人员符合下列条件的，从失业保险基金中领取失业保险金：

（一）失业前用人单位和本人已经缴纳失业保险费满一年的；

（二）非因本人意愿中断就业的；

（三）已经进行失业登记，并有求职要求的。

第四十六条 失业人员失业前用人单位和本人累计缴费满一年不足五年的，领取失业保险金的期限最长为十二个月；累计缴费满五年不足十年的，领取失业保险金的期限最长为十八个月；累计缴费十年以上的，领取失业保险金的期限最长为二十四个月。重新就业后，再次失业的，缴费时间重新计算，领取失业保险金的期限与前次失业应当领取而尚未领取的失业保险金的期限合并计算，最长不超过二十四个月。

第四十七条 失业保险金的标准，由省、自治区、直辖市人民政府确定，不得低于城市居民最低生活保障标准。

第四十八条 失业人员在领取失业保险金期间，参加职工基本医疗保险，享受基本医疗保险待遇。

失业人员应当缴纳的基本医疗保险费从失业保险基金中支付，个人不缴纳基本医疗保险费。

第四十九条 失业人员在领取失业保险金期间死亡的，参照当地对在职职工死亡的规定，向其遗属发给一次性丧葬补助金和抚恤金。所需资金从失业保险基金中支付。

个人死亡同时符合领取基本养老保险丧葬补助金、工伤保险丧葬补助金和失业保险丧葬补助金条件的，其遗属只能选择领取其中的一项。

第五十条 用人单位应当及时为失业人员出具终止或者解除劳动关系的证明，并将失业人员的名单自终止或者解除劳动关系之日起十五日内告知社会保险经办机构。

失业人员应当持本单位为其出具的终止或者解除劳动关系的证明，及时到指定的公共就业服务机构办理失业登记。

失业人员凭失业登记证明和个人身份证明，到社会保险经办机构办理领取失业保险金的手续。失业保险金领取期限自办理失业登记之日起计算。

第五十一条 失业人员在领取失业保险金期间有下列情形之一的，停止领取失业保险金，并同时停止享受其他失业保险待遇：

（一）重新就业的；

（二）应征服兵役的；

（三）移居境外的；

（四）享受基本养老保险待遇的；

（五）无正当理由，拒不接受当地人民政府指定部门或者机构介绍的适当工作或者提供的培训的。

第五十二条 职工跨统筹地区就业的，其失业保险关系随本人转移，缴费年限累计计算。

第六章 生育保险

第五十三条 职工应当参加生育保险，由用人单位按照国家规定缴纳生育保险费，职工不缴纳生育保险费。

第五十四条 用人单位已经缴纳生育保险费的，其职工享受生育保险待遇；职工未就业配偶按照国家规定享受生育医疗费用待遇。所需资金从生育保险基金中支付。

生育保险待遇包括生育医疗费用和生育津贴。

第五十五条 生育医疗费用包括下列各项：

（一）生育的医疗费用；

（二）计划生育的医疗费用；

（三）法律、法规规定的其他项目费用。

第五十六条 职工有下列情形之一的，可以按照国家规定享受生育津贴：

（一）女职工生育享受产假；

（二）享受计划生育手术休假；

（三）法律、法规规定的其他情形。

生育津贴按照职工所在用人单位上年度职工月平均工资计发。

第七章 社会保险费征缴

第五十七条 用人单位应当自成立之日起三十日内凭营业执照、登记证书或者单位印章，向当地社会保险经办机构申请办理社会保险登记。社会保险经办机构应当自收到申请之日起十五日内予以审核，发给社会保险登记证件。

用人单位的社会保险登记事项发生变更或者用人单位依法终止的，应当自变更或者终止之日起三十日内，到社会保险经办机构办理变更或者注销社会保险登记。

工商行政管理部门、民政部门和机构编制管理机关应当及时向社会保险经办机构通报用人单位的成立、终止情况，公安机关应当及时向社会保险经办机构通报个人的出生、死亡以及户口登记、迁移、注销等情况。

第五十八条 用人单位应当自用工之日起三十日内为其职工向社会保险经办机构申请办理社会保险登记。未办理社会保险登记的，由社会保险经办机构核定其应当缴纳的社会保险费。

自愿参加社会保险的无雇工的个体工商户、未在用人单位参加社会保险的非全日制从业人员以及其他灵活就业人员，应当向社会保险经办机构申请办理社会保险登记。

国家建立全国统一的个人社会保障号码。个人社会保障号码为公民身份号码。

第五十九条 县级以上人民政府加强社会保险费的征收工作。

社会保险费实行统一征收，实施步骤和具体办法由国务院规定。

第六十条 用人单位应当自行申报、按时足额缴纳社会保险费，非因不可抗力等法定事由不得缓缴、减免。职工应当缴纳的社会保险费由用人单位代扣代缴，用人单位应当按月将缴纳社会保险费的明细情况告知本人。

无雇工的个体工商户、未在用人单位参加社会保险的非全日制从业人员以及其他灵活就业人员，可以直接向社会保险费征收机构缴纳社会保险费。

第六十一条 社会保险费征收机构应当依法按时足额征收社会保险费，并将缴费情况定期告知用人单位和个人。

第六十二条 用人单位未按规定申报应当缴纳的社会保险费数额的，按照该单位上月缴费额的百分之一百一十确定应当缴纳数额；缴费单位补办申报手续后，由社会保险费征收机构按照规定结算。

第六十三条 用人单位未按时足额缴纳社会保险费的，由社会保险费征收机构责令其限期缴纳或者补足。

用人单位逾期仍未缴纳或者补足社会保险费的，社会保险费征收机构可以向银行和其他金融机构查询其存款账户；并可以申请县级以上有关行政部门作出划拨社会保险费的决定，书面通知其开户银行或者其他金融机构划拨社会保险费。用人单位账户余额少于应当缴纳的社会保险费的，社会保险费征收机构可以要求该用人单位提供担保，签订延期缴费协议。

用人单位未足额缴纳社会保险费且未提供担保的，社会保险费征收机构可以申请人民法院扣押、查封、拍卖其价值相当于应当缴纳社会保险费的财产，以拍卖所得抵缴社会保险费。

第八章 社会保险基金

第六十四条 社会保险基金包括基本养老保险基金、基本医疗保险基金、工伤保险基金、失业保险基金和生育保险基金。各项社会保险基金按照社会保险险种分别建账，分账核算，执行国家统一的会计制度。

社会保险基金专款专用，任何组织和个人不得侵占或者挪用。

基本养老保险基金逐步实行全国统筹，其他社会保险基金逐步实行省级统筹，具体时间、步骤由国务院规定。

第六十五条 社会保险基金通过预算实现收支平衡。

县级以上人民政府在社会保险基金出现支付不足时，给予补贴。

第六十六条 社会保险基金按照统筹层次设立预算。社会保险基金预算按照社会保险项目分别编制。

第六十七条 社会保险基金预算、决算草案的编制、审核和批准，依照法律和国务院规定执行。

第六十八条 社会保险基金存入财政专户，具体管理办法由国务院规定。

第六十九条 社会保险基金在保证安全的前提下，按照国务院规定投资运营实现保值增值。

社会保险基金不得违规投资运营，不得用于平衡其他政府预算，不得用于兴建、改建办公场所和支付人员经费、运行费用、管理费用，或者违反法律、行政法规规定挪作其他用途。

第七十条 社会保险经办机构应当定期向社会公布参加社会保险情况以及社会保险基金的收入、支出、结余和收益情况。

第七十一条 国家设立全国社会保障基金，由中央财政预算拨款以及国务院批准的其他方式筹集的资金构成，用于社会保障支出的补充、调剂。全国社会保障基金由全国社会保障基金管理运营机构负责管理运营，在保证安全的前提下实现保值增值。

全国社会保障基金应当定期向社会公布收支、管理和投资运营的情况。国务院财政部门、社会保险行政部门、审计机关对全国社会保障基金的收支、管理和投资运营情况实施监督。

第九章 社会保险经办

第七十二条 统筹地区设立社会保险经办机构。社会保险经办机构根据工作需要，经所在地的社会保险行政部门和机构编制管理机关批准，可以在本统筹地区设立分支机构和服务网点。

社会保险经办机构的人员经费和经办社会保险发生的基本运行费用、管理费用，由同级财政按照国家规定予以保障。

第七十三条 社会保险经办机构应当建立健全业务、财务、安全和风险管理制度。

社会保险经办机构应当按时足额支付社会保险待遇。

第七十四条 社会保险经办机构通过业务经办、统计、调查获取社会保险工作所需的数据，有关单位和个人应当及时、如实提供。

社会保险经办机构应当及时为用人单位建立档案，完整、准确地记录参加社会保险的人员、缴费等社会保险数据，妥善保管登记、申报的原始凭证和支付结算的会计凭证。

社会保险经办机构应当及时、完整、准确地记录参加社会保险的个人缴费和用人单位为其缴费，以及享受社会保险待遇等个人权益记录，定期将个人权益记录单免费寄送本人。

用人单位和个人可以免费向社会保险经办机构查询、核对其缴费和享受社会保险待遇记录，要求社会保险经办机构提供社会保险咨询等相关服务。

第七十五条 全国社会保险信息系统按照国家统一规划，由县级以上人民政府按照分级负责的原则共同建设。

第十章 社会保险监督

第七十六条 各级人民代表大会常务委员会听取和审议本级人民政府对社会保险基金的收支、管理、投资运营以及监督检查情况的专项工作报告，组织对本法实施情况的执法检查等，依法行使监督职权。

第七十七条 县级以上人民政府社会保险行政部门应当加强对用人单位和个人遵守社会保险法律、法规情况的监督检查。

社会保险行政部门实施监督检查时，被检查的用人单位和个人应当如实提供与社会保险有关的资料，不得拒绝检查或者谎报、瞒报。

第七十八条 财政部门、审计机关按照各自职责，对社会保险基金的收支、管理和投资运营情况实施监督。

第七十九条 社会保险行政部门对社会保险基金的收支、管理和投资运营情况进行监督检查，发现存在问题的，应当提出整改建议，依法作出处理决定或者向有关行政部门提出处理建议。社会保险基金检查结果应当定期向社会公布。

社会保险行政部门对社会保险基金实施监督检查，有权采取下列措施：

（一）查阅、记录、复制与社会保险基金收支、管理和投资运营相关的资料，对可能被转移、隐匿或者灭失的资料予以封存；

（二）询问与调查事项有关的单位和个人，要求其对与调查事项有关的问题作出说明、提供有关证明材料；

（三）对隐匿、转移、侵占、挪用社会保险基金的行为予以制止并责令改正。

第八十条 统筹地区人民政府成立由用人单位代表、参保人员代表，以及工会代表、专家等组成的社会保险监督委员会，掌握、分析社会保险基金的收支、管理和投资运营情况，对社会保险工作提出咨询意见和建议，实施社会监督。

社会保险经办机构应当定期向社会保险监督委员会汇报社会保险基金的收支、管理和投资运营情况。社会保险监督委员会可以聘请会计师事务所对社会保险基金的收支、管理和投资运营情况进行年度审计和专项审计。审计结果应当向社会公开。

社会保险监督委员会发现社会保险基金收支、管理和投资运营中存在问题的，有权提出改正建议；对社会保险经办机构及其工作人员的违法行为，有权向有关部门提出依法处理建议。

第八十一条 社会保险行政部门和其他有关行政部门、社会保险经办机构、社会保险费征收机构及其工作人员，应当依法为用人单位和个人的信息保密，不得以任何形式泄露。

第八十二条 任何组织或者个人有权对违反社会保险法律、法规的行为进行举报、投诉。

社会保险行政部门、卫生行政部门、社会保险经办机构、社会保险费征收机构和财政部门、审计机关对属于本部门、本机构职责范围的举报、投诉，应当依法处理；对不属于本部门、本机构职责范围的，应当书面通知并移交有权处理的部门、机构处理。有权处理的部门、机构应当及时处理，不得推诿。

第八十三条 用人单位或者个人认为社会保险费征收机构的行为侵害自己合法权益的，可以依法申请行政复议或者提起行政诉讼。

用人单位或者个人对社会保险经办机构不依法办理社会保险登记、核定社会保险费、支付社会保险待遇、办理社会保险转移接续手续或者侵害其他社会保险权益的行为，可以依法申请行政复议或者提起行政诉讼。

个人与所在用人单位发生社会保险争议的，可以依法申请调解、仲裁，提起诉讼。用人单位侵害个人社会保险权益的，个人也可以要求社会保险行政部门或者社会保险费征收机构依法处理。

第十一章 法律责任

第八十四条 用人单位不办理社会保险登记的，由社会保险行政部门责令限期改正；逾期不改正的，对用人单位处应缴社会保险费数额一倍以上三倍以下的罚款，对其直接负责的主管人员和其他直接责任人员处五百元以上三千元以下的罚款。

第八十五条 用人单位拒不出具终止或者解除劳动关系证明的，依照《中华人民共和国劳动合同法》的规定处理。

第八十六条 用人单位未按时足额缴纳社会保险费的，由社会保险费征收机构责令限期缴纳或者补足，并自欠缴之日起，按日加收万分之五的滞纳金；逾期仍不缴纳的，由有关行政部门处欠缴数额一倍以上三倍以下的罚款。

第八十七条 社会保险经办机构以及医疗机构、药品经营单位等社会保险服务机构以欺诈、伪造证明材料或者其他手段骗取社会保险基金支出的，由社会保险行政部门责令退回骗取的社会保险金，处骗取金额二倍以上五倍以下的罚款；属于社会保险服务机构的，解除服务协议；直接负责的主管人员和其他直接责任人员有执业资格的，依法吊销其执业资格。

第八十八条 以欺诈、伪造证明材料或者其他手段骗取社会保险待遇的，由社会保险行政部门责令退回骗取的社会保险金，处骗取金额二倍以上五倍以下的罚款。

第八十九条 社会保险经办机构及其工作人员有下列行为之一的，由社会保险行政部门责令改正；给社会保险基金、用人单位或者个人造成损失的，依法承担赔偿责任；对直接负责的主管人员和其他直接责任人员依法给予处分：

（一）未履行社会保险法定职责的；

（二）未将社会保险基金存入财政专户的；

（三）克扣或者拒不按时支付社会保险待遇的；

（四）丢失或者篡改缴费记录、享受社会保险待遇记录等社会保险数据、个人权益记录的；

（五）有违反社会保险法律、法规的其他行为的。

第九十条 社会保险费征收机构擅自更改社会保险费缴费基数、费率，导致少收或者多收社会保险费的，由有关行政部门责令其追缴应当缴纳的社会保险费或者退还不应当缴纳的社会保险费；对直接负责的主管人员和其他直接责任人员依法给予处分。

第九十一条 违反本法规定，隐匿、转移、侵占、挪用社会保险基金或者违规投资运营的，由社会保险行政部门、财政部门、审计机关责令追回；有违法所得的，没收违法所得；对直接负责的主管人员和其他直接责任人员依法给予处分。

第九十二条 社会保险行政部门和其他有关行政部门、社会保险经办机构、社会保险费征收机构及其工作人员泄露用人单位和个人信息的，对直接负责的主管人员和其他直接责任人员依法给予处分；给用人单位或者个人造成损失的，应当承担赔偿责任。

第九十三条 国家工作人员在社会保险管理、监督工作中滥用职权、玩忽职守、徇私舞弊的，依法给予处分。

第九十四条 违反本法规定，构成犯罪的，依法追究刑事责任。

第十二章 附 则

第九十五条 进城务工的农村居民依照本法规定参加社会保险。

第九十六条 征收农村集体所有的土地，应当足额安排被征地农民的社会保险费，按照国务院规定将被征地农民纳入相应的社会保险制度。

第九十七条 外国人在中国境内就业的，参照本法规定参加社会保险。

第九十八条 本法自 2011 年 7 月 1 日起施行。

实施《中华人民共和国社会保险法》若干规定

（2011年6月29日　人力资源和社会保障部令第13号发布）

为了实施《中华人民共和国社会保险法》（以下简称社会保险法），制定本规定。

第一章　关于基本养老保险

第一条　社会保险法第十五条规定的统筹养老金，按照国务院规定的基础养老金计发办法计发。

第二条　参加职工基本养老保险的个人达到法定退休年龄时，累计缴费不足十五年的，可以延长缴费至满十五年。社会保险法实施前参保、延长缴费五年后仍不足十五年的，可以一次性缴费至满十五年。

第三条　参加职工基本养老保险的个人达到法定退休年龄后，累计缴费不足十五年（含依照第二条规定延长缴费）的，可以申请转入户籍所在地新型农村社会养老保险或者城镇居民社会养老保险，享受相应的养老保险待遇。

参加职工基本养老保险的个人达到法定退休年龄后，累计缴费不足十五年（含依照第二条规定延长缴费），且未转入新型农村社会养老保险或者城镇居民社会养老保险的，个人可以书面申请终止职工基本养老保险关系。社会保险经办机构收到申请后，应当书面告知其转入新型农村社会养老保险或者城镇居民社会养老保险的权利以及终止职工基本养老保险关系的后果，经本人书面确认后，终止其职工基本养老保险关系，并将个人账户储存额一次性支付给本人。

第四条 参加职工基本养老保险的个人跨省流动就业，达到法定退休年龄时累计缴费不足十五年的，按照《国务院办公厅关于转发人力资源社会保障部财政部城镇企业职工基本养老保险关系转移接续暂行办法的通知》（国办发〔2009〕66 号）有关待遇领取地的规定确定继续缴费地后，按照本规定第二条办理。

第五条 参加职工基本养老保险的个人跨省流动就业，符合按月领取基本养老金条件时，基本养老金分段计算、统一支付的具体办法，按照《国务院办公厅关于转发人力资源社会保障部财政部城镇企业职工基本养老保险关系转移接续暂行办法的通知》（国办发〔2009〕66 号）执行。

第六条 职工基本养老保险个人账户不得提前支取。个人在达到法定的领取基本养老金条件前离境定居的，其个人账户予以保留，达到法定领取条件时，按照国家规定享受相应的养老保险待遇。其中，丧失中华人民共和国国籍的，可以在其离境时或者离境后书面申请终止职工基本养老保险关系。社会保险经办机构收到申请后，应当书面告知其保留个人账户的权利以及终止职工基本养老保险关系的后果，经本人书面确认后，终止其职工基本养老保险关系，并将个人账户储存额一次性支付给本人。

参加职工基本养老保险的个人死亡后，其个人账户中的余额可以全部依法继承。

第二章　关于基本医疗保险

第七条 社会保险法第二十七条规定的退休人员享受基本医疗保险待遇的缴费年限按照各地规定执行。

参加职工基本医疗保险的个人，基本医疗保险关系转移接续时，基本医疗保险缴费年限累计计算。

第八条 参保人员在协议医疗机构发生的医疗费用，符合基本医疗保险药品目录、诊疗项目、医疗服务设施标准的，按照国家规定从基本医疗保险基金中支付。

参保人员确需急诊、抢救的，可以在非协议医疗机构就医；因抢救必须使用的药品可以适当放宽范围。参保人员急诊、抢救的医疗服务具体管理办法由统筹地区根据当地实际情况制定。

第三章　关于工伤保险

第九条　职工（包括非全日制从业人员）在两个或者两个以上用人单位同时就业的，各用人单位应当分别为职工缴纳工伤保险费。职工发生工伤，由职工受到伤害时工作的单位依法承担工伤保险责任。

第十条　社会保险法第三十七条第二项中的醉酒标准，按照《车辆驾驶人员血液、呼气酒精含量阈值与检验》（GB19522－2004）执行。公安机关交通管理部门、医疗机构等有关单位依法出具的检测结论、诊断证明等材料，可以作为认定醉酒的依据。

第十一条　社会保险法第三十八条第八项中的因工死亡补助金是指《工伤保险条例》第三十九条的一次性工亡补助金，标准为工伤发生时上一年度全国城镇居民人均可支配收入的20倍。

上一年度全国城镇居民人均可支配收入以国家统计局公布的数据为准。

第十二条　社会保险法第三十九条第一项治疗工伤期间的工资福利，按照《工伤保险条例》第三十三条有关职工在停工留薪期内应当享受的工资福利和护理等待遇的规定执行。

第四章　关于失业保险

第十三条　失业人员符合社会保险法第四十五条规定条件的，可以申请领取失业保险金并享受其他失业保险待遇。其中，非因本人意愿中断就业包括下列情形：

（一）依照劳动合同法第四十四条第一项、第四项、第五项规定终止劳动合同的；

（二）由用人单位依照劳动合同法第三十九条、第四十条、第四十一条规定解除劳动合同的；

（三）用人单位依照劳动合同法第三十六条规定向劳动者提出解除劳动合同并与劳动者协商一致解除劳动合同的；

（四）由用人单位提出解除聘用合同或者被用人单位辞退、除名、开除的；

（五）劳动者本人依照劳动合同法第三十八条规定解除劳动合同的；

（六）法律、法规、规章规定的其他情形。

第十四条 失业人员领取失业保险金后重新就业的，再次失业时，缴费时间重新计算。失业人员因当期不符合失业保险金领取条件的，原有缴费时间予以保留，重新就业并参保的，缴费时间累计计算。

第十五条 失业人员在领取失业保险金期间，应当积极求职，接受职业介绍和职业培训。失业人员接受职业介绍、职业培训的补贴由失业保险基金按照规定支付。

第五章 关于基金管理和经办服务

第十六条 社会保险基金预算、决算草案的编制、审核和批准，依照《国务院关于试行社会保险基金预算的意见》（国发〔2010〕2号）的规定执行。

第十七条 社会保险经办机构应当每年至少一次将参保人员个人权益记录单通过邮寄方式寄送本人。同时，社会保险经办机构可以通过手机短信或者电子邮件等方式向参保人员发送个人权益记录。

第十八条 社会保险行政部门、社会保险经办机构及其工作人员应当依法为用人单位和个人的信息保密，不得违法向他人泄露下列信息：

（一）涉及用人单位商业秘密或者公开后可能损害用人单位合法利益的信息；

（二）涉及个人权益的信息。

第六章　关于法律责任

第十九条　用人单位在终止或者解除劳动合同时拒不向职工出具终止或者解除劳动关系证明，导致职工无法享受社会保险待遇的，用人单位应当依法承担赔偿责任。

第二十条　职工应当缴纳的社会保险费由用人单位代扣代缴。用人单位未依法代扣代缴的，由社会保险费征收机构责令用人单位限期代缴，并自欠缴之日起向用人单位按日加收万分之五的滞纳金。用人单位不得要求职工承担滞纳金。

第二十一条　用人单位因不可抗力造成生产经营出现严重困难的，经省级人民政府社会保险行政部门批准后，可以暂缓缴纳一定期限的社会保险费，期限一般不超过一年。暂缓缴费期间，免收滞纳金。到期后，用人单位应当缴纳相应的社会保险费。

第二十二条　用人单位按照社会保险法第六十三条的规定，提供担保并与社会保险费征收机构签订缓缴协议的，免收缓缴期间的滞纳金。

第二十三条　用人单位按照本规定第二十一条、第二十二条缓缴社会保险费期间，不影响其职工依法享受社会保险待遇。

第二十四条　用人单位未按月将缴纳社会保险费的明细情况告知职工本人的，由社会保险行政部门责令改正；逾期不改的，按照《劳动保障监察条例》第三十条的规定处理。

第二十五条　医疗机构、药品经营单位等社会保险服务机构以欺诈、伪造证明材料或者其他手段骗取社会保险基金支出的，由社会保险行政部门责令退回骗取的社会保险金，处骗取金额二倍以上五倍以下的罚款。对与社会保险经办机构签订服务协议的医疗机构、药品经营单位，由社会保险经办机构按照协议追究责任，情节严重的，可以解除与其签订的服务协议。对有执业资格的直接负责的主管人员和其他直接责任人员，由社会保险行政部门建议授予其执业资格的有关主管部门依法吊销其执业资格。

第二十六条　社会保险经办机构、社会保险费征收机构、社会保险基金投资运营机构、开设社会保险基金专户的机构和专户管理银行及其工作人员有下列违法情形的，由社会保险行政部门按照社会保险法第九十一条的规定查处：

（一）将应征和已征的社会保险基金，采取隐藏、非法放置等手段，未按规定征缴、入账的；

（二）违规将社会保险基金转入社会保险基金专户以外的账户的；

（三）侵吞社会保险基金的；

（四）将各项社会保险基金互相挤占或者其他社会保障基金挤占社会保险基金的；

（五）将社会保险基金用于平衡财政预算，兴建、改建办公场所和支付人员经费、运行费用、管理费用的；

（六）违反国家规定的投资运营政策的。

第七章 其　　他

第二十七条 职工与所在用人单位发生社会保险争议的，可以依照《中华人民共和国劳动争议调解仲裁法》、《劳动人事争议仲裁办案规则》的规定，申请调解、仲裁，提起诉讼。

职工认为用人单位有未按时足额为其缴纳社会保险费等侵害其社会保险权益行为的，也可以要求社会保险行政部门或者社会保险费征收机构依法处理。社会保险行政部门或者社会保险费征收机构应当按照社会保险法和《劳动保障监察条例》等相关规定处理。在处理过程中，用人单位对双方的劳动关系提出异议的，社会保险行政部门应当依法查明相关事实后继续处理。

第二十八条 在社会保险经办机构征收社会保险费的地区，社会保险行政部门应当依法履行社会保险法第六十三条所规定的有关行政部门的职责。

第二十九条 2011 年 7 月 1 日后对用人单位未按时足额缴纳社会保险费的处理，按照社会保险法和本规定执行；对 2011 年 7 月 1 日前发生的用人单位未按时足额缴纳社会保险费的行为，按照国家和地方人民政府的有关规定执行。

第三十条 本规定自 2011 年 7 月 1 日起施行。

国务院台湾事务办公室　国家工商行政管理总局　公安部　人力资源和社会保障部　商务部关于开放台湾居民申请设立个体工商户的通知

（2011 年 12 月 27 日　国台发〔2011〕3 号）

北京、上海、江苏、浙江、福建、湖北、广东、重庆、四川省（市）台办、工商行政管理局、公安厅（局）、人力资源和社会保障厅（局）、商务厅（局）：

为鼓励台湾同胞到大陆投资创业，不断深化两岸经贸合作，根据《个体工商户条例》和《个体工商户登记管理办法》，现对台湾居民到大陆申请设立个体工商户，实行如下政策措施：

一、自 2012 年 1 月 1 日起，台湾居民依照国家有关法律、法规和规章，在北京、上海、江苏、浙江、福建、湖北、广东、重庆、四川等省市可无需经过外资审批，申请登记为个体工商户。

二、台湾居民个体工商户可以申请登记的经营范围包括餐饮业和零售业，不包括特许经营。从业人员不超过 8 人，营业面积不超过 300 平方米。自 2012 年 4 月 1 日起，从业人员不超过 10 人，营业面积不超过 500 平方米。

三、台湾居民在大陆海峡两岸农业合作试验区和台湾农民创业园申请登记为个体工商户，依照《台湾农民在海峡两岸农业合作试验区和台湾农民创业园申办个体工商户登记管理工作的若干意见》（工商个字〔2007〕247 号）执行。

四、台湾居民在大陆设立个体工商户的具体登记办法另行颁布。

人社部办公厅关于出国（境）定居人员参加新型农村和城镇居民社会养老保险有关问题处理意见的函*

（2012年5月3日　人社厅发〔2012〕44号）

广东省人力资源社会保障厅：

你厅《关于出国定居人员参加城乡居民社会养老保险有关问题的请示》（粤人社报〔2011〕379号）收悉。依据《中华人民共和国社会保险法》及《实施〈中华人民共和国社会保险法〉若干规定》等有关法律法规，经研究，现函复如下：

一、出国（境）定居人员，仍然保留中华人民共和国国籍期间，可以依据新型农村和城镇居民社会养老保险（以下简称城乡居民养老保险）政策规定参保，其中，参保缴费人员达到养老金领取条件时，可以按照国家规定办理相关申领手续，享受相应养老保险待遇；符合直接领取基础养老金条件的人员，可以按照国家规定办理相关申领手续，享受相应养老保险待遇；已经按照规定领取城乡居民养老保险待遇人员，可以继续领取养老保险待遇。

二、出国（境）定居人员，丧失中华人民共和国国籍的，不能参加城乡居民养老保险，不能领取相应养老保险待遇；已经按照规定参保或者领

---

* 注：根据《国务院关于建立统一的城乡居民基本养老保险制度的意见》（国发〔2014〕8号）文件精神，新型农村和城镇居民社会养老保险已经整合为城乡居民基本养老保险，缴费标准、政府补贴和基础养老金标准都进行了相应调整。

取待遇的，应当终止城乡居民养老保险关系，本人可以提出书面申请，一次性领取除政府补贴外的个人账户余额。

三、已经按照规定取得城乡居民养老保险待遇领取资格的出国（境）定居人员，在领取城乡居民养老保险待遇期间，须按照外交部、财政部、原人事部和原劳动保障部四部门在2007年联合下发的《关于出境定居离退休、退职人员办理健在证明有关问题的通知》（外领函〔2007〕35号）要求办理健在证明。

人力资源社会保障部　财政部 国务院港澳事务办公室　国务院台湾事务办公室关于在内地高校学习的台港澳毕业生享受职业培训补贴政策的通知

（2013 年 6 月 24 日　人社部发〔2013〕45 号）

各省、自治区、直辖市人力资源社会保障厅（局）、财政厅（局）、外事（港澳事务）办公室、台湾事务办公室：

为进一步促进台湾、香港、澳门居民在内地就业，对在大陆（内地）高校学习的台湾、香港、澳门毕业生在毕业学年内参加创业培训的，比照本地高校毕业生相关规定，给予职业培训补贴。

此项政策自 2014 年 1 月 1 日起实施。

人力资源社会保障部　国务院台湾事务办公室关于继续向台湾居民开放部分专业技术人员资格考试有关问题的通知

（2013年6月28日　人社部发〔2013〕47号）

各省、自治区、直辖市人力资源社会保障厅（局）、台办，国务院有关部委、有关直属机构人事部门：

为深化海峡两岸专业技术人员的交流与合作，促进两岸关系的和平发展，经与国务院各有关部门研究，人力资源社会保障部、国务院台办决定，2013年继续向台湾居民开放10类（项）专业技术人员资格考试。现将开放部分专业技术人员资格考试有关问题通知如下：

一、继续开放的10类（项）专业技术人员资格考试的名称分别为：通信、出版、投资建设项目管理师、管理咨询师、假肢与矫形器制作师、地震安全性评价工程师、监理工程师、注册验船师、注册设备监理师和注册计量师。

二、自本通知发布之日起，凡符合上述10类（项）专业技术人员资格考试报名条件的台湾居民，均可按照就近和自愿原则，在大陆的任何省、自治区、直辖市相应专业考试考务管理机构指定的地点参加考试。

三、需要参加相应专业考试的台湾居民，应按照人力资源社会保障部办公厅印发的《2013年度专业技术人员资格考试工作计划》（人社厅函〔2012〕448号）安排，并根据所在地的省（区、市）相应专业考试考务管理机构规定的报名日期、报名地点和相关要求，到当地考试报名机构办理报名手续。

四、在报名时，台湾居民应向考试报名机构提交《台湾居民来往大陆通行证》。凡相应专业考试的报名条件中有专业学历和从事相关专业工作年限规定的，还应提交国务院教育行政部门认可的相应专业学历（学位）证书和本人工作单位出具的从事相应专业工作年限（或实践要求）的证明。

经考试考务管理机构对报名人员的资格条件审查核准后，向考试申请人核发准考证、安排考场。申请人凭准考证指定的日期、地点和时间参加相应专业的考试。

五、由于部分专业考试科目的成绩实行滚动管理的办法，台湾居民报名和参加同一专业各科目考试的地点应相对固定。确有特殊情况，需在异地报名参加剩余科目考试的，在报名时应按规定向当地考试管理机构提交本人上次参加本专业其他科目考试所用的档案号，以便各科目考试成绩的合成和证书颁发。

六、各省、自治区、直辖市人力资源社会保障厅（局）、台办和相应专业考试考务管理机构应抓紧做好台湾居民报名参加新开放的10类（项）专业技术人员资格考试的相关准备工作，并继续做好已开放的27类（29项）考试的相关工作。

在接受台湾居民参加专业技术人员资格考试的工作中，要严格执行国家的有关规定，提供热情周到的服务，确保台湾居民顺利有序地参加相应专业的考试。

在继续开放的10类（项）专业技术人员资格考试相应的制度规定中，有与本通知精神不符的条款，均以本通知为准。

人力资源社会保障部办公厅关于台湾香港澳门居民办理失业登记的通知

（2013 年 11 月 22 日　人社厅发〔2013〕117 号）

各省、自治区、直辖市人力资源社会保障厅（局）：

为完善台湾、香港、澳门居民在内地就业的管理制度，现就台湾、香港、澳门居民办理失业登记有关问题通知如下：

《就业服务与就业管理规定》第六十三条规定“在法定劳动年龄内，有劳动能力，有就业要求，处于无业状态的城镇常住人员，可以到公共就业服务机构进行失业登记。其中，没有就业经历的城镇户籍人员，在户籍所在地登记；农村进城务工人员和其他非本地户籍人员在常住地稳定就业满 6 个月的，失业后可以在常住地登记”。参照上述规定，台湾、香港、澳门居民在常住地稳定就业满 6 个月，并依法参加社会保险的，失业后如本人自愿，可到公共就业服务机构办理失业登记。具体程序：

一、办理台港澳人员就业证注销手续

台湾、香港、澳门居民终止就业后，应到台港澳人员就业证发证机关办理证件注销手续，发证机关为其出具失业证明文件。

二、办理失业登记手续

台湾、香港、澳门居民凭失业证明文件及与原单位终止、解除劳动关系或解聘的证明，在常住地公共就业服务机构办理失业登记。台湾、香港、澳门居民凭公共就业服务机构出具的失业登记证明文件，享受就业服务和相应的失业保险待遇。享受就业扶持政策另行规定。

各地应将已办理失业登记的台湾、香港、澳门居民人数统计在城镇登记失业人员情况中（表号：人社统 EP2），列入表下栏“报告期内符合规定农村进城务工人员和其他非本地户籍人员登记失业人数”中并单独注明，作为表后补充数据，不计入表内统计数值。

国务院关于建立统一的城乡居民基本养老保险制度的意见

（2014 年 2 月 21 日　国发〔2014〕8 号）

各省、自治区、直辖市人民政府，国务院各部委、各直属机构：

按照党的十八大精神和十八届三中全会关于整合城乡居民基本养老保险制度的要求，依据《中华人民共和国社会保险法》有关规定，在总结新型农村社会养老保险（以下简称新农保）和城镇居民社会养老保险（以下简称城居保）试点经验的基础上，国务院决定，将新农保和城居保两项制度合并实施，在全国范围内建立统一的城乡居民基本养老保险（以下简称城乡居民养老保险）制度。现提出以下意见：

一、指导思想

高举中国特色社会主义伟大旗帜，以邓小平理论、“三个代表”重要思想、科学发展观为指导，贯彻落实党中央和国务院的各项决策部署，按照全覆盖、保基本、有弹性、可持续的方针，以增强公平性、适应流动性、保证可持续性为重点，全面推进和不断完善覆盖全体城乡居民的基本养老保险制度，充分发挥社会保险对保障人民基本生活、调节社会收入分配、促进城乡经济社会协调发展的重要作用。

二、任务目标

坚持和完善社会统筹与个人账户相结合的制度模式，巩固和拓宽个人缴费、集体补助、政府补贴相结合的资金筹集渠道，完善基础养老金和个人账户养老金相结合的待遇支付政策，强化长缴多得、多缴多得等制度的激励机制，建立基础养老金正常调整机制，健全服务网络，提高管理水平，为参保居民提供方便快捷的服务。“十二五”末，在全国基本实现新农保和城居保制度合并实施，并与职工基本养老保险制度相衔接。2020 年前，全面建成公平、统一、规范的城乡居民养老保险制度，与社会救助、社会福利等其他社会保障政策相配套，充分发挥家庭养老等传统保障方式的积极作用，更好保障参保城乡居民的老年基本生活。

三、参保范围

年满 16 周岁（不含在校学生），非国家机关和事业单位工作人员及不属于职工基本养老保险制度覆盖范围的城乡居民，可以在户籍地参加城乡居民养老保险。

四、基金筹集

城乡居民养老保险基金由个人缴费、集体补助、政府补贴构成。

（一）个人缴费。

参加城乡居民养老保险的人员应当按规定缴纳养老保险费。缴费标准目前设为每年 100 元、200 元、300 元、400 元、500 元、600 元、700 元、800 元、900 元、1000 元、1500 元、2000 元 12 个档次，省（区、市）人民政府可以根据实际情况增设缴费档次，最高缴费档次标准原则上不超过当地灵活就业人员参加职工基本养老保险的年缴费额，并报人力资源社会保障部备案。人力资源社会保障部会同财政部依据城乡居民收入增长等情况适时调整缴费档次标准。参保人自主选择档次缴费，多缴多得。

（二）集体补助。

有条件的村集体经济组织应当对参保人缴费给予补助，补助标准由村民委员会召开村民会议民主确定，鼓励有条件的社区将集体补助纳入社区公益事业资金筹集范围。鼓励其他社会经济组织、公益慈善组织、个人为参保人缴费提供资助。补助、资助金额不超过当地设定的最高缴费档次标准。

（三）政府补贴。

政府对符合领取城乡居民养老保险待遇条件的参保人全额支付基础养老金，其中，中央财政对中西部地区按中央确定的基础养老金标准给予全额补助，对东部地区给予50%的补助。

地方人民政府应当对参保人缴费给予补贴，对选择最低档次标准缴费的，补贴标准不低于每人每年30元；对选择较高档次标准缴费的，适当增加补贴金额；对选择500元及以上档次标准缴费的，补贴标准不低于每人每年60元，具体标准和办法由省（区、市）人民政府确定。对重度残疾人等缴费困难群体，地方人民政府为其代缴部分或全部最低标准的养老保险费。

五、建立个人账户

国家为每个参保人员建立终身记录的养老保险个人账户，个人缴费、地方人民政府对参保人的缴费补贴、集体补助及其他社会经济组织、公益慈善组织、个人对参保人的缴费资助，全部记入个人账户。个人账户储存额按国家规定计息。

六、养老保险待遇及调整

城乡居民养老保险待遇由基础养老金和个人账户养老金构成，支付终身。

（一）基础养老金。中央确定基础养老金最低标准，建立基础养老金最低标准正常调整机制，根据经济发展和物价变动等情况，适时调整全国基础养老金最低标准。地方人民政府可以根据实际情况适当提高基础养老金标准；对长期缴费的，可适当加发基础养老金，提高和加发部分的资金由地方人民政府支出，具体办法由省（区、市）人民政府规定，并报人力资源社会保障部备案。

（二）个人账户养老金。个人账户养老金的月计发标准，目前为个人账户全部储存额除以139（与现行职工基本养老保险个人账户养老金计发系数相同）。参保人死亡，个人账户资金余额可以依法继承。

七、养老保险待遇领取条件

参加城乡居民养老保险的个人，年满60周岁、累计缴费满15年，且未领取国家规定的基本养老保障待遇的，可以按月领取城乡居民养老保险待遇。

新农保或城居保制度实施时已年满60周岁，在本意见印发之日前未领取国家规定的基本养老保障待遇的，不用缴费，自本意见实施之月起，可以按月领取城乡居民养老保险基础养老金；距规定领取年龄不足15年的，应逐年缴费，也允许补缴，累计缴费不超过15年；距规定领取年龄超过15年的，应按年缴费，累计缴费不少于15年。

城乡居民养老保险待遇领取人员死亡的，从次月起停止支付其养老金。有条件的地方人民政府可以结合本地实际探索建立丧葬补助金制度。社会保险经办机构应每年对城乡居民养老保险待遇领取人员进行核对；村（居）民委员会要协助社会保险经办机构开展工作，在行政村（社区）范围内对参保人待遇领取资格进行公示，并与职工基本养老保险待遇等领取记录进行比对，确保不重、不漏、不错。

八、转移接续与制度衔接

参加城乡居民养老保险的人员，在缴费期间户籍迁移、需要跨地区转移城乡居民养老保险关系的，可在迁入地申请转移养老保险关系，一次性转移个人账户全部储存额，并按迁入地规定继续参保缴费，缴费年限累计计算；已经按规定领取城乡居民养老保险待遇的，无论户籍是否迁移，其养老保险关系不转移。

城乡居民养老保险制度与职工基本养老保险、优抚安置、城乡居民最低生活保障、农村五保供养等社会保障制度以及农村部分计划生育家庭奖励扶助制度的衔接，按有关规定执行。

九、基金管理和运营

将新农保基金和城居保基金合并为城乡居民养老保险基金，完善城乡居民养老保险基金财务会计制度和各项业务管理规章制度。城乡居民养老保险基金纳入社会保障基金财政专户，实行收支两条线管理，单独记账、独立核算，任何地区、部门、单位和个人均不得挤占挪用、虚报冒领。各地要在整合城乡居民养老保险制度的基础上，逐步推进城乡居民养老保险基金省级管理。

城乡居民养老保险基金按照国家统一规定投资运营，实现保值增值。

十、基金监督

各级人力资源社会保障部门要会同有关部门认真履行监管职责，建立健全内控制度和基金稽核监督制度，对基金的筹集、上解、划拨、发放、存储、管理等进行监控和检查，并按规定披露信息，接受社会监督。财政部门、审计部门按各自职责，对基金的收支、管理和投资运营情况实施监督。对虚报冒领、挤占挪用、贪污浪费等违纪违法行为，有关部门按国家有关法律法规严肃处理。要积极探索有村（居）民代表参加的社会监督的有效方式，做到基金公开透明，制度在阳光下运行。

十一、经办管理服务与信息化建设

省（区、市）人民政府要切实加强城乡居民养老保险经办能力建设，结合本地实际，科学整合现有公共服务资源和社会保险经办管理资源，充实加强基层经办力量，做到精确管理、便捷服务。要注重运用现代管理方式和政府购买服务方式，降低行政成本，提高工作效率。要加强城乡居民养老保险工作人员专业培训，不断提高公共服务水平。社会保险经办机构要认真记录参保人缴费和领取待遇情况，建立参保档案，按规定妥善保存。地方人民政府要为经办机构提供必要的工作场地、设施设备、经费保障。城乡居民养老保险工作经费纳入同级财政预算，不得从城乡居民养老保险基金中开支。基层财政确有困难的地区，省市级财政可给予适当补助。

各地要在现有新农保和城居保业务管理系统基础上，整合形成省级集中的城乡居民养老保险信息管理系统，纳入“金保工程”建设，并与其他公民信息管理系统实现信息资源共享；要将信息网络向基层延伸，实现省、市、县、乡镇（街道）、社区实时联网，有条件的地区可延伸到行政村；要大力推行全国统一的社会保障卡，方便参保人持卡缴费、领取待遇和查询本人参保信息。

十二、加强组织领导和政策宣传

地方各级人民政府要充分认识建立城乡居民养老保险制度的重要性，将其列入当地经济社会发展规划和年度目标管理考核体系，切实加强组织领导；要优化财政支出结构，加大财政投入，为城乡居民养老保险制度建设提供必要的财力保障。各级人力资源社会保障部门要切实履行主管部门职责，会同有关部门做好城乡居民养老保险工作的统筹规划和政策制定、统一管理、综合协调、监督检查等工作。

各地区和有关部门要认真做好城乡居民养老保险政策宣传工作，全面准确地宣传解读政策，正确把握舆论导向，注重运用通俗易懂的语言和群众易于接受的方式，深入基层开展宣传活动，引导城乡居民踊跃参保、持续缴费、增加积累，保障参保人的合法权益。

各省（区、市）人民政府要根据本意见，结合本地区实际情况，制定具体实施办法，并报人力资源社会保障部备案。

本意见自印发之日起实施，已有规定与本意见不一致的，按本意见执行。

关于扩大开放台湾居民在大陆申请设立个体工商户的通知

（2015 年 12 月 15 日　国台发〔2015〕3 号）

北京、天津、河北、山西、辽宁、吉林、黑龙江、上海、江苏、浙江、安徽、福建、江西、山东、河南、湖北、湖南、广东、广西、海南、重庆、四川、贵州、云南、陕西、宁夏省（自治区、直辖市）台办、宣传部、发展改革委（局）、科技厅（局）、工业和信息化厅（局）、人力资源社会保障厅（局）、环境保护厅（局）、交通运输厅（局）、商务主管部门、文化厅（局）、工商行政管理（市场监督管理）局、新闻出版广电局、体育局、食品药品监管局、邮政局、文物局、外汇管理局：

2007 年 1 月 11 日，中共中央台湾工作办公室等 11 部委联合印发《关于促进两岸农业合作、惠及台湾农民的若干政策措施》（中台发〔2007〕1 号），明确规定“来园区从事农业合作项目的台湾农民，可依照大陆有关法律、法规和规章直接申请设立个体工商户”。2011 年 12 月 28 日，国台办、工商总局、公安部、人力资源社会保障部、商务部联合发布《关于开放台湾居民申请设立个体工商户的通知》，自 2012 年 1 月 1 日起，在北京、上海、广东、福建、江苏、浙江、湖北、四川、重庆等 9 个省市，台湾居民可申请登记为个体工商户，无需外资审批，经营范围包括餐饮业和零售业，不包括特许经营。从业人员不超过 8 人，营业面积不超过 300 平方米。自 2012 年 4 月 1 日起，从业人员不超过 10 人，营业面积不超过 500 平方米。

为进一步鼓励台湾同胞到大陆就业创业，根据《个体工商户条例》、

《个体工商户登记管理办法》及《中华人民共和国对外贸易法》，现对台湾居民到大陆申请设立个体工商户，实行如下政策措施：

一、自2016年1月1日起，台湾居民依照国家有关法律、法规和规章，在既有9省市基础上，在天津、河北、山西、辽宁、吉林、安徽、江西、山东、河南、湖南、海南、贵州、陕西全省（直辖市）及黑龙江、广西、云南、宁夏等省（自治区）的设区市可以直接申请登记为个体工商户，无需经过外资审批，不包括特许经营。

二、台湾居民申请设立个体工商户的经营范围见附件，取消对从业人员人数和营业面积的限制。

三、台湾居民在大陆设立个体工商户的具体登记办法另行颁布。

四、台湾农民在大陆海峡两岸农业合作试验区和台湾农民创业园申请登记为个体工商户，依《台湾农民在海峡两岸农业合作试验区和台湾农民创业园申办个体工商户登记管理工作的若干意见》（工商个字〔2007〕247号）执行。

国务院台湾事务办公室　中共中央宣传部
国家发展和改革委员会　科学技术部
工业和信息化部　公安部
民政部　司法部
人力资源和社会保障部　环境保护部
交通运输部　商务部
文化部　国家工商行政管理总局
国家新闻出版广电总局　国家体育总局
国家食品药品监督管理总局　国家邮政局
国家文物局　国家外汇管理局

附件：

台湾居民申请设立个体工商户的经营范围

序号	行业列举	2011 国民经济行业分类编号	备注
1	纺织、服装及家庭用品批发	F513	中类
2	文具用品批发	F5141	小类
3	体育用品批发	F5142	小类（仅限部分）
4	其他文化用品批发	F5149	小类
5	零售业（烟草制品零售除外，并且不包括特许经营）	F52	大类（有除外规定）
6	装卸搬运（仅限港口货物装卸活动）	G581	中类（仅限部分）
7	货物运输代理（仅限国际船舶代理活动）	G5821	小类（仅限部分）
8	仓储业	G59	大类
9	餐饮业	H62	大类
10	软件开发	I651	中类
11	娱乐及体育设备出租	L7121	小类
12	图书出租（仅限漫画图书出租）*	L7122	小类（仅限部分）
13	社会经济咨询（仅限贸易咨询服务、企业管理咨询服务）	L7233	小类（仅限部分）
14	广告业（不包括广告发布服务）	L724	中类（有除外规定）
15	包装服务	L7293	小类
16	办公服务中的以下项目：标志牌、铜牌的设计、制作服务、奖杯、奖牌、奖章、锦旗的设计、制作服务；翻译服务	L7294	小类（仅限部分）
17	摄影扩印服务	M7492	小类
18	洗染服务	0793	中类

续表

序号	行业列举	2011 国民经济行业分类编号	备注
19	理发及美容服务	0794	中类
20	洗浴服务	0795	中类
21	婚姻服务（不包括婚姻介绍服务）	0797	中类（有除外规定）
22	家用电器修理	0803	中类
23	其他日用产品修理业	0809	中类
24	建筑物清洁服务	0811	小类

＊经营图书为国内出版单位的正式出版物或由批准的图书进出口单位进口的出版物。

公　证

司法部关于印发《海峡两岸公证书使用查证协议实施办法》的通知

（1993 年 5 月 11 日　司发〔1993〕006 号）

各省、自治区、直辖市司法厅（局）：

海峡两岸共同商谈达成的《两岸公证书使用查证协议》已于 4 月 29 日在新加坡正式签署。根据协议约定，该协议将于 5 月 29 日生效实施。为便于各地正确履行该协议，我们制定了《海峡两岸公证书使用查证协议实施办法》，现发给你们，请速发本省（区、市）公证员协会（筹备组）和办理涉台公证的公证处执行。

附件：1. 《两岸公证书使用查证协议》

2. 《海峡两岸公证书使用查证协议实施办法》

3. 海基会使用的文书格式（略）

附件1：

两岸公证书使用查证协议

海峡两岸关系协会、中国公证员协会与财团法人海峡交流基金会，就两岸公证书使用查证事宜，经协商达成以下协议：

一、联系主体

（一）关于寄送公证书副本及查证事宜，双方分别以中国公证员协会或有关省、自治区、直辖市公证员协会与财团法人海峡交流基金会相互联系。

（二）本协议其他相关事宜，由海峡两岸关系协会与财团法人海峡交流基金会联系。

二、寄送公证书副本

（一）双方同意相互寄送涉及继承、收养、婚姻、出生、死亡、委托、学历、定居、扶养亲属及财产权利证明公证书副本。

（二）双方得根据公证书使用需要，另行商定增、减寄送公证书副本种类。

三、公证书查证

（一）查证事由

公证书有下列情形之一，双方应相互协助查证：

1. 违反公证机关有关受理范围规定；
2. 同一事项在不同公证机关公证；
3. 公证书内容与户籍资料或其他档案资料记载不符；
4. 公证书内容自相矛盾；
5. 公证书文字、印鉴模糊不清，或有涂改、擦拭等可疑痕迹；
6. 有其他不同证据资料；
7. 其他需要查明事项。

（二）拒绝事由

未叙明查证事由，或公证书上另加盖有其他证明印章者，接受查证一方得附加理由拒绝该项查证。

（三）答复期限

接受查证一方，应于收受查证函之日起三十日内答复。

（四）查证费用

提出查证一方应向接受查证一方支付适当费用。

查证费用标准及支付方式由双方另行商定。

四、文书格式

寄送公证书副本、查证与答复，应经双方协商使用适当文书格式。

五、其他文书

双方同意就公证书以外的文书查证事宜进行个案协商并予协助。

六、协议履行、变更与终止

双方应遵守协议。

协议变更或终止，应经双方协商同意。

七、争议解决

因适用本协议所生争议，双方应尽速协商解决。

八、未尽事宜

本协议如有未尽事宜，双方得以适当方式另行商定。

九、签署生效

本协议自双方签署之日起三十日后生效实施。

附件2：

海峡两岸公证书使用查证协议实施办法

第一条 为履行《两岸公证书使用查证协议》，制定本实施办法。

第二条 凡与海峡交流基金会（以下简称海基会）联系寄送公证书副

本和查证公证书，由中国公证员协会或省、自治区、直辖市公证员协会（或公证员协会筹备组，以下同）进行，任何个人、公证处或省以下公证员协会不得向海基会寄送公证书副本或答复查证事项。

各公证员协会应有专人负责登记、寄收公证书副本、答复查证函，结算费用和统计分析资料工作。

第三条 根据协议的约定，应寄送的公证书副本包括：

1. 用于继承的亲属关系公证书、委托公证书，以及根据案情需要办理的出生、死亡、婚姻等公证书；

2. 收养、婚姻、出生、死亡、学历、委托书公证书；

3. 用于大陆居民赴台湾定居，或台湾居民赴大陆定居的亲属关系、婚姻、出生等公证书；

4. 用于减免所得税而办理的扶养亲属公证说明，包括亲属关系、谋生能力、病残、成年在学公证书、缴纳保险费或缴纳医药费公证书；

5. 财产权利证明公证书，指公民、法人或其他组织所享有的财产权利公证证明，包括物权、债权、继承权等有形财产和专利、著作、商标等无形财产权。

第四条 发往台湾属于协议约定相互寄送副本范围的公证书应办理一份副本（该副本须使用公证专用水印纸，无需粘贴公证书封面和封底，不需加盖副本章），由经办公证处在送达公证书的同日将副本径寄省（区、市）公证员协会。公证员协会在收到公证书副本后，应登记并在三日内寄往海峡交流基金会法律服务处。

第五条 各公证员协会收到海基会寄来的在大陆使用的公证书副本，应进行登记并根据公证书用途转寄公证书使用的部门。

第六条 海基会的查证函寄到中国公证员协会的，中国公证员协会应当在三日内转出证的公证处或地、市司法局公证管理科，同时抄送公证处所在省（区、市）公证员协会。公证处或公证管理科在收到查证函后，应当在十日内将查证结果报中国公证员协会，同时抄报省（区、市）公证员协会。由中国公证员协会答复海基会。

海基会的查证函直接寄给有关（区、市）公证员协会的，省（区、市）公证员协会应当在三日内转出证的公证处或地、市司法局公证管理科。公证处或公证管理科收到查证请求书后应当在十日内将查证结果报省（区、市）公证员协会。对于查证属实的公证书，由省（区、市）公证员协会登记后直接答复海基会；凡是有问题的公证书，省（区、市）公证员协会应当将情况报告中国公证员协会，经同意后由省（区、市）公证员协会答复海基会。

公证处不能在规定时间答复的应说明原因，无正当理由超过期限的，应承担延误时间造成的损失责任。

第七条 对海基会要求查证的公证书，必须符合协议第三条第一项所约定的事由，凡不是该七种情形之一的不予查证。对第七种“其他需要查明事项”，须报中国公证员协会同意后再转公证处查证。对此项转办时限可放宽至五日。

查证事由不是协议第三条第一项约定的七种情况之一的，应将情况报中国公证员协会后，退回海基会。

第八条 海基会的查证函未写明查证事由，或在要求查证的公证书上加盖其他证明印章的，报告中国公证员协会后写明拒绝理由退回海基会。

第九条 海基会将查证函直接寄到公证处，或通过当事人、其他单位转交的，公证处不予答复。同时应当将情况报告中国公证员协会和省（区、市）公证员协会，由中国公证员协会统一向海基会交涉。

第十条 公证书使用部门需要向台湾出证机关进行查证的，应将需要查证的公证书复印寄送所在的省（区、市）公证员协会或中国公证员协会，并说明要求查证的事由。公证员协会审查认为符合协议第三条第一项规定的情形的，应登记并出具查证函转寄海基会。海基会答复后，应将查证结果即转公证书使用部门。

寄送查证函时，不得在公证书副本上加盖任何其他印章。

第十一条 公证书副本寄送函、查证函和查证回函必须依照附件文书格式的要求书写。

第十二条 办理寄送副本的公证事项，应按附件所列标准加收公证书副本费、邮寄费、手续费。由公证处统一向当事人收取，再分别与省（区、市）公证员协会和中国公证员协会结算。

根据协议第三条第四项的约定，提出查证公证书一方应向接受查证一方支付适当费用。公证员协会和公证处或公证管理科应将海基会的第一项查证所需费用，按照附件所列标准逐一记账。在公证处或公证管理科上报查证情况时，应同时将该项查证是否进行了实际调查、应收调查费一并上报，以便统一结算，并按规定比例分配。

寄送公证书副本费用的收入、支出和查证费用的支出和收入需单独做账、单独结算、出具收据，不得与公证费收据相混，不得列为公证费收入。凡要求海基会查证台湾出具的公证书的，依据附件所列的费用标准向海基会支付。所需费用公证员协会向提出查证的单位或当事人收取。

第十三条 本实施办法所规定的时限应自收到公证书副本或查证函之日起计算，不包括邮局寄送时间。

第十四条 本实施办法自一九九三年五月二十九日起施行。

司法部关于增加寄送公证书副本种类事宜的通知

（1994年12月17日　司发通〔1994〕091号）

各省、自治区、直辖市司法厅（局）：

根据《两岸公证书使用查证协议》第二条规定，海峡两岸关系协会、中国公证员协会与财团法人海峡交流基金会商定，于一九九五年一月二十日开始增加寄送涉及病历、税务、经历、专业证书等四项公证书副本。请速发本省、自治区、直辖市公证员协会（筹备组）和办理涉台业务的公证处执行。

司法部关于寄送“未受刑事处分证明”、“健康检查证明”公证书副本的批复

（2003 年 6 月 15 日　司复〔2003〕16 号）

中国公证员协会：

你会 2002 年 4 月 12 日《关于“未受刑事记录证明”、“健康检查合格证明”公证书寄送副本事项的请示报告》收悉。

经研究，同意根据《两岸公证书使用查证协议》第二条（一）和《海峡两岸公证书使用查证协议实施办法》第三条 3 的规定，可以将用于祖国大陆居民赴台湾定居，或台湾居民赴祖国大陆定居之用的“未受刑事处分证明”和“健康检查证明”公证书副本寄送海基会。请通知各省、自治区、直辖市公证员协会和办理涉台业务的公证处。

此复。

司　法

最高人民法院关于人民法院处理涉台民事案件的几个法律问题——最高人民法院负责人在最高人民法院举行的第一次新闻发布会上的讲话

（1988年8月9日）

一些去台人员，由于夫妻长期隔离在海峡两岸，家庭发生了变异：有的单方在大陆依法办理了离婚手续；有的一方或者双方已经再婚，或者长期与他人以夫妻的名义同居生活，生育了子女，等等。对这种由于特殊的历史原因造成的婚姻纠纷，我们将充分考虑海峡两岸人民长期分离的实际情况，从有利于稳定婚姻家庭关系的现状出发，根据我国婚姻法一夫一妻制的基本原则，妥善处理。这类案件有以下几种情况：

第一，对已经人民法院判决离婚的案件，不论是单方诉讼还是双方诉讼，也不论对方是否接到判决书，法院的判决都是有效的。如果双方均未再婚，现在请求恢复夫妻关系的，人民法院可以用裁定注销原来的判决，宣告婚姻关系恢复。但经判决离婚后，一方或者双方又另行结婚的，如果其再婚的配偶已经离婚或者已经死亡，现在双方要求恢复夫妻关系的，应当到有关婚姻登记机关重新办理结婚登记手续；如果再婚配偶还健在，必须在办理离婚手续后，才可以与原配偶重新结婚。我们认为，这样实事求是地处理海峡两岸由于长期隔离而造成的特殊婚姻关系，是符合各方当事人的利益的。

第二，对双方分离以后未办理离婚手续，大陆一方又与他人结婚，或者长期与他人以夫妻关系同居生活的，我们原则上承认这种婚姻关系。现去台一方回来，大陆一方为与原配偶恢复关系，提出与再婚配偶离婚的，是否准予离婚，人民法院应当依照《中华人民共和国婚姻法》第二十五条关于“人民法院审理离婚案件，应当进行调解；如感情确已破裂，调解无效，应准予离婚”的规定处理。如果认定感情尚未破裂的，则判决不准离婚。去台一方回大陆定居后，向人民法院提出要求与在台的配偶离婚的，人民法院应当受理，并根据婚姻法的规定，作出是否准予离婚的判决。

第三，对于双方分离后未办理离婚手续，一方或者双方分别在大陆和台湾再婚的，对这种由于特殊原因形成的婚姻关系，我们不以重婚对待。当事人不告诉，人民法院不主动干预；如果其中一方当事人提出与其配偶离婚的，人民法院应当按照离婚案件受理。

关于夫妻共同财产问题。对去台一方请求原配偶返还婚前财产，或者要求分割夫妻共有财产的，如果这些财产在几十年中已被原配偶用于抚养子女，或用于赡养父母，或用于家庭其他生活消费的，人民法院应说服其撤诉或者驳回诉讼请求。但是，如果财产数额大并且标的物还存在的，在考虑其原配偶、子女等生活的情况下，可以酌情分割一部分给去台人员。对于过去财产问题的处理，原则上宜粗不宜细。这是因为，几十年的财产变化情况、几十年的权利义务状况不宜一一细算。这样处理对双方当事人可能更好一些。

关于抚养、赡养和收养问题。去台一方回大陆后，大陆一方向其索要已成年子女过去的抚养费用的，对这种请求人民法院原则上不予支持。因为支付子女的抚养费，是为了保证未成年子女的生活；现在子女已经成年了，就没有实际支付的必要了。抚养子女是夫妻双方的义务。夫妻双方都在，由夫妻双方共同承担这个义务；一方由于特殊原因未与子女共同生活或者无力尽抚养义务，则由另一方独自承担这个义务。因此，一方已经尽了全部抚养义务的，不能向对方主张追索抚养费。至于其他没有抚养、赡养义务的人，代替去台一方抚养了子女或者赡养了父母的，去台人员则应酌情补偿。

去台人员返回大陆定居后，要求自己的子女承担赡养义务的，人民法院应当根据法律规定和子女的家庭经济状况尽可能给予解决。但是，去台人员的子女已被他人合法收养的，在收养关系解除之前，不承担对生父或者生母的赡养义务。被收养的子女因生父或者生母回大陆而要求解除收养关系，或者去台人员要求解除收养关系的，要根据养父母、养子女、生父母三方面关系的实际情况，慎重地处理。

关于继承问题。按照《中华人民共和国继承法》的规定，去台人员和台胞与大陆同胞一样，享有同等的继承权，不能因为继承人去台湾而影响他们对在大陆遗产的继承。去台人员或者台胞对大陆的遗产主张继承权的，人民法院依法给予保护。人民法院过去处理的继承案件中已经给去台人员或者台胞保留了遗产份额的，他们可以向人民法院申请取得。过去未经人民法院处理过的继承问题，去台人员或者台胞回大陆后均可以向人民法院起诉。今后人民法院处理继承案件时，对在台湾的合法继承人，要设法通知其参加诉讼；无法通知的，应为其保留应继承的份额，并指定财产代管人。

关于房产问题。房屋产权是个比较复杂的问题。几十年的风风雨雨，许多房屋自然损坏严重，有的结构发生了变化，还有一些产权也发生了变化。对属于民事权益方面的房屋纠纷，包括房屋典当、买卖、租赁、代管和其他侵权纠纷，人民法院应依法受理。去台人员和台胞要求回赎去台前出典的房屋，如果土改中已经处理或者典期届满后承典人已依法取得所有权的，不再变动；法律、政策规定可以回赎的，应予准许。去台人员和台胞所有的房屋已被他人侵占或者处分的，人民法院应本着保护产权人的合法权益的原则，并根据纠纷的具体情况，妥善处理。去台人员和台胞的房屋去台前委托公民个人代管，现在房屋仍旧由代管人或者代管人的继承人代管，如果去台人员和台胞要求解除或者变更这种代管关系的，人民法院一般应予准许。

关于债务问题。现在去台人员对去台前发生在个人之间的债权债务关系主张债权，或者作为债务人被索偿，如果这种债权债务根据现行的法律、政策规定应当保护，并且能够提出证据的，人民法院都予以受理，并根据案件事实和双方现在的经济状况，合情合理地处理。

关于诉讼时效问题。为了保护去台人员和台胞的合法权益，我们在适用诉讼时效方面，对涉台民事案件作了特别规定。根据《中华人民共和国民法通则》的规定，从权利被侵害之日起超过二十年，权利人才向人民法院提起诉讼的，人民法院不予保护。由于涉及去台人员和台湾同胞的案件，许多已经超过二十年了，因此，对去台人员和台湾同胞的诉讼时效期间问题，根据民法通则第一百三十七条的规定，人民法院可以作为特殊情况予以适当延长。

保护海峡两岸当事人的合法权益，是大陆和台湾司法工作者的共同责任。我们希望能通过各类涉台民事案件的审理，促进海峡两岸同胞的正常往来，促进“三通”，从而有利于祖国的和平统一。

最高人民法院关于如何确定涉港澳台当事人公告送达期限和答辩、上诉期限的请示的复函

（2001 年 8 月 7 日 民四他字〔2001〕第 29 号）

上海市高级人民法院：

你院 2000 年 8 月 15 日沪高法 485 号《关于如何确定涉港澳台当事人公告送达期限和答辩、上诉期限的请示》收悉。经研究认为：香港、澳门和台湾地区的当事人在内地法院起诉、应诉或者上诉时，需要履行一定的认证、公证或者转递手续，人民法院的司法文书目前尚无法采用与内地当事人完全相同的方式对港澳台当事人送达。因此，对港澳台当事人在内地诉讼时的公告送达期限和答辩、上诉的期限，应参照我国《民事诉讼法》涉外编的有关规定执行。

此复。

最高人民法院关于涉台民事诉讼文书送达的若干规定

（2008 年 4 月 17 日　法释〔2008〕4 号）

为维护涉台民事案件当事人的合法权益，保障涉台民事案件诉讼活动的顺利进行，促进海峡两岸人员往来和交流，根据民事诉讼法的有关规定，制定本规定。

第一条　人民法院审理涉台民事案件向住所地在台湾地区的当事人送达民事诉讼文书，以及人民法院接受台湾地区有关法院的委托代为向住所地在大陆的当事人送达民事诉讼文书，适用本规定。

涉台民事诉讼文书送达事务的处理，应当遵守一个中国原则和法律的基本原则，不违反社会公共利益。

第二条　人民法院送达或者代为送达的民事诉讼文书包括：起诉状副本、上诉状副本、反诉状副本、答辩状副本、授权委托书、传票、判决书、调解书、裁定书、支付令、决定书、通知书、证明书、送达回证以及与民事诉讼有关的其他文书。

第三条　人民法院向住所地在台湾地区的当事人送达民事诉讼文书，可以采用下列方式：

（一）受送达人居住在大陆的，直接送达。受送达人是自然人，本人不在的，可以交其同住成年家属签收；受送达人是法人或者其他组织的，应当由法人的法定代表人、其他组织的主要负责人或者该法人、组织负责收件的人签收；

受送达人不在大陆居住，但送达时在大陆的，可以直接送达；

（二）受送达人在大陆有诉讼代理人的，向诉讼代理人送达。受送达人在授权委托书中明确表明其诉讼代理人无权代为接收的除外；

（三）受送达人有指定代收人的，向代收人送达；

（四）受送达人在大陆有代表机构、分支机构、业务代办人的，向其代表机构或者经受送达人明确授权接受送达的分支机构、业务代办人送达；

（五）受送达人在台湾地区的地址明确的，可以邮寄送达；

（六）有明确的传真号码、电子信箱地址的，可以通过传真、电子邮件方式向受送达人送达；

（七）按照两岸认可的其他途径送达。

采用上述方式不能送达或者台湾地区的当事人下落不明的，公告送达。

第四条 采用本规定第三条第一款第（一）、（二）、（三）、（四）项方式送达的，由受送达人、诉讼代理人或者有权接受送达的人在送达回证上签收或者盖章，即为送达；拒绝签收或者盖章的，可以依法留置送达。

第五条 采用本规定第三条第一款第（五）项方式送达的，应当附有送达回证。受送达人未在送达回证上签收但在邮件回执上签收的，视为送达，签收日期为送达日期。

自邮寄之日起满三个月，如果未能收到送达与否的证明文件，且根据各种情况不足以认定已经送达的，视为未送达。

第六条 采用本规定第三条第一款第（六）项方式送达的，应当注明人民法院的传真号码或者电子信箱地址，并要求受送达人在收到传真件或者电子邮件后及时予以回复。以能够确认受送达人收悉的日期为送达日期。

第七条 采用本规定第三条第一款第（七）项方式送达的，应当由有关的高级人民法院出具盖有本院印章的委托函。委托函应当写明案件各方当事人的姓名或者名称、案由、案号；受送达人姓名或者名称、受送达人的详细地址以及需送达的文书种类。

第八条 采用公告方式送达的，公告内容应当在境内外公开发行的报刊或者权威网站上刊登。

公告送达的，自公告之日起满三个月，即视为送达。

第九条 人民法院按照两岸认可的有关途径代为送达台湾地区法院的民事诉讼文书的，应当有台湾地区有关法院的委托函。

人民法院收到台湾地区有关法院的委托函后，经审查符合条件的，应当在收到委托函之日起两个月内完成送达。

民事诉讼文书中确定的出庭日期或者其他期限逾期的，受委托的人民法院亦应予送达。

第十条 人民法院按照委托函中的受送达人姓名或者名称、地址不能送达的，应当附函写明情况，将委托送达的民事诉讼文书退回。

完成送达的送达回证以及未完成送达的委托材料，可以按照原途径退回。

第十一条 受委托的人民法院对台湾地区有关法院委托送达的民事诉讼文书的内容和后果不负法律责任。

最高人民法院关于审理涉台民商事案件法律适用问题的规定

（2010年12月27日　法释〔2010〕19号）

为正确审理涉台民商事案件，准确适用法律，维护当事人的合法权益，根据民法通则、民事诉讼法等有关法律，制定本规定。

第一条　人民法院审理涉台民商事案件，应当适用法律和司法解释的有关规定。

根据法律和司法解释中选择适用法律的规则，确定适用台湾地区民事法律的，人民法院予以适用。

第二条　台湾地区当事人在人民法院参与民事诉讼，与大陆当事人有同等的诉讼权利和义务，其合法权益受法律平等保护。

第三条　根据本规定确定适用有关法律违反国家法律的基本原则或者社会公共利益的，不予适用。

最高人民法院关于人民法院办理海峡两岸送达文书和调查取证司法互助案件的规定

（2011 年 6 月 14 日　法释〔2011〕15 号）

为落实《海峡两岸共同打击犯罪及司法互助协议》（以下简称协议），进一步推动海峡两岸司法互助业务的开展，确保协议中涉及人民法院有关送达文书和调查取证司法互助工作事项的顺利实施，结合各级人民法院开展海峡两岸司法互助工作实践，制定本规定。

一、总　　则

第一条　人民法院依照协议，办理海峡两岸民事、刑事、行政诉讼案件中的送达文书和调查取证司法互助业务，适用本规定。

第二条　人民法院应当在法定职权范围内办理海峡两岸司法互助业务。

人民法院办理海峡两岸司法互助业务，应当遵循一个中国原则，遵守国家法律的基本原则，不得违反社会公共利益。

二、职责分工

第三条　人民法院和台湾地区业务主管部门通过各自指定的协议联络人，建立办理海峡两岸司法互助业务的直接联络渠道。

第四条　最高人民法院是与台湾地区业务主管部门就海峡两岸司法互助业务进行联络的一级窗口。最高人民法院台湾司法事务办公室主任是最高人民法院指定的协议联络人。

最高人民法院负责：就协议中涉及人民法院的工作事项与台湾地区业务主管部门开展磋商、协调和交流；指导、监督、组织、协调地方各级人民法院办理海峡两岸司法互助业务；就海峡两岸调查取证司法互助业务与台湾地区业务主管部门直接联络，并在必要时具体办理调查取证司法互助案件；及时将本院和台湾地区业务主管部门指定的协议联络人的姓名、联络方式及变动情况等工作信息通报高级人民法院。

第五条 最高人民法院授权高级人民法院就办理海峡两岸送达文书司法互助案件，建立与台湾地区业务主管部门联络的二级窗口。高级人民法院应当指定专人作为经最高人民法院授权的二级联络窗口联络人。

高级人民法院负责：指导、监督、组织、协调本辖区人民法院办理海峡两岸送达文书和调查取证司法互助业务；就办理海峡两岸送达文书司法互助案件与台湾地区业务主管部门直接联络，并在必要时具体办理送达文书和调查取证司法互助案件；登记、统计本辖区人民法院办理的海峡两岸送达文书司法互助案件；定期向最高人民法院报告本辖区人民法院办理海峡两岸送达文书司法互助业务情况；及时将本院联络人的姓名、联络方式及变动情况报告最高人民法院，同时通报台湾地区联络人和下级人民法院。

第六条 中级人民法院和基层人民法院应当指定专人负责海峡两岸司法互助业务。

中级人民法院和基层人民法院负责：具体办理海峡两岸送达文书和调查取证司法互助案件；定期向高级人民法院层报本院办理海峡两岸送达文书司法互助业务情况；及时将本院海峡两岸司法互助业务负责人员的姓名、联络方式及变动情况层报高级人民法院。

三、送达文书司法互助

第七条 人民法院向住所地在台湾地区的当事人送达民事和行政诉讼司法文书，可以采用下列方式：

（一）受送达人居住在大陆的，直接送达。受送达人是自然人，本人不在的，可以交其同住成年家属签收；受送达人是法人或者其他组织的，应当由法人的法定代表人、其他组织的主要负责人或者该法人、其他组织负责收件的人签收。

受送达人不在大陆居住，但送达时在大陆的，可以直接送达。

（二）受送达人在大陆有诉讼代理人的，向诉讼代理人送达。但受送达人在授权委托书中明确表明其诉讼代理人无权代为接收的除外。

（三）受送达人有指定代收人的，向代收人送达。

（四）受送达人在大陆有代表机构、分支机构、业务代办人的，向其代表机构或者经受送达人明确授权接受送达的分支机构、业务代办人送达。

（五）通过协议确定的海峡两岸司法互助方式，请求台湾地区送达。

（六）受送达人在台湾地区的地址明确的，可以邮寄送达。

（七）有明确的传真号码、电子信箱地址的，可以通过传真、电子邮件方式向受送达人送达。

采用上述方式均不能送达或者台湾地区当事人下落不明的，可以公告送达。

人民法院需要向住所地在台湾地区的当事人送达刑事司法文书，可以通过协议确定的海峡两岸司法互助方式，请求台湾地区送达。

第八条　人民法院协助台湾地区法院送达司法文书，应当采用民事诉讼法、刑事诉讼法、行政诉讼法等法律和相关司法解释规定的送达方式，并应当尽可能采用直接送达方式，但不采用公告送达方式。

第九条　人民法院协助台湾地区送达司法文书，应当充分负责，及时努力送达。

第十条　审理案件的人民法院需要台湾地区协助送达司法文书的，应当填写《〈海峡两岸共同打击犯罪及司法互助协议〉送达文书请求书》附录部分，连同需要送达的司法文书，一式二份，及时送交高级人民法院。

需要台湾地区协助送达的司法文书中有指定开庭日期等类似期限的，一般应当为协助送达程序预留不少于六个月的时间。

第十一条　高级人民法院收到本院或者下级人民法院《〈海峡两岸共同打击犯罪及司法互助协议〉送达文书请求书》附录部分和需要送达的司法文书后，应当在七个工作日内完成审查。经审查认为可以请求台湾地区协助送达的，高级人民法院联络人应当填写《〈海峡两岸共同打击犯罪及司法互助协议〉送达文书请求书》正文部分，连同附录部分和需要送达的司法文书，立即寄送台湾地区联络人；经审查认为欠缺相关材料、内容或者认为不需要请求台湾地区协助送达的，应当立即告知提出请求的人民法院补充相关材料、内容或者在说明理由后将材料退回。

第十二条 台湾地区成功送达并将送达证明材料寄送高级人民法院联络人，或者未能成功送达并将相关材料送还，同时出具理由说明给高级人民法院联络人的，高级人民法院应当在收到之日起七个工作日内，完成审查并转送提出请求的人民法院。经审查认为欠缺相关材料或者内容的，高级人民法院联络人应当立即与台湾地区联络人联络并请求补充相关材料或者内容。

自高级人民法院联络人向台湾地区寄送有关司法文书之日起满四个月，如果未能收到送达证明材料或者说明文件，且根据各种情况不足以认定已经送达的，视为不能按照协议确定的海峡两岸司法互助方式送达。

第十三条 台湾地区请求人民法院协助送达台湾地区法院的司法文书并通过其联络人将请求书和相关司法文书寄送高级人民法院联络人的，高级人民法院应当在七个工作日内完成审查。经审查认为可以协助送达的，应当立即转送有关下级人民法院送达或者由本院送达；经审查认为欠缺相关材料、内容或者认为不宜协助送达的，高级人民法院联络人应当立即向台湾地区联络人说明情况并告知其补充相关材料、内容或者将材料送还。

具体办理送达文书司法互助案件的人民法院应当在收到高级人民法院转送的材料之日起五个工作日内，以“协助台湾地区送达民事（刑事、行政诉讼）司法文书”案由立案，指定专人办理，并应当自立案之日起十五日内完成协助送达，最迟不得超过两个月。

收到台湾地区送达文书请求时，司法文书中指定的开庭日期或者其他期限逾期的，人民法院亦应予以送达，同时高级人民法院联络人应当及时向台湾地区联络人说明情况。

第十四条 具体办理送达文书司法互助案件的人民法院成功送达的，

应当由送达人在《〈海峡两岸共同打击犯罪及司法互助协议〉送达回证》上签名或者盖章，并在成功送达之日起七个工作日内将送达回证送交高级人民法院；未能成功送达的，应当由送达人在《〈海峡两岸共同打击犯罪及司法互助协议〉送达回证》上注明未能成功送达的原因并签名或者盖章，在确认不能送达之日起七个工作日内，将该送达回证和未能成功送达的司法文书送交高级人民法院。

高级人民法院应当在收到前款所述送达回证之日起七个工作日内完成审查，由高级人民法院联络人在前述送达回证上签名或者盖章，同时出具《〈海峡两岸共同打击犯罪及司法互助协议〉送达文书回复书》，连同该送达回证和未能成功送达的司法文书，立即寄送台湾地区联络人。

四、调查取证司法互助

第十五条 人民法院办理海峡两岸调查取证司法互助业务，限于与台湾地区法院相互协助调取与诉讼有关的证据，包括取得证言及陈述；提供书证、物证及视听资料；确定关系人所在地或者确认其身份、前科等情况；进行勘验、检查、扣押、鉴定和查询等。

第十六条 人民法院协助台湾地区法院调查取证，应当采用民事诉讼法、刑事诉讼法、行政诉讼法等法律和相关司法解释规定的方式。

在不违反法律和相关规定、不损害社会公共利益、不妨碍正在进行的诉讼程序的前提下，人民法院应当尽力协助调查取证，并尽可能依照台湾地区请求的内容和形式予以协助。

台湾地区调查取证请求书所述的犯罪事实，依照大陆法律规定不认为涉嫌犯罪的，人民法院不予协助，但有重大社会危害并经双方业务主管部门同意予以个案协助的除外。台湾地区请求促使大陆居民至台湾地区作证，但未作出非经大陆主管部门同意不得追诉其进入台湾地区之前任何行为的书面声明的，人民法院可以不予协助。

第十七条 审理案件的人民法院需要台湾地区协助调查取证的，应当填写《〈海峡两岸共同打击犯罪及司法互助协议〉调查取证请求书》附录部分，连同相关材料，一式三份，及时送交高级人民法院。

高级人民法院应当在收到前款所述材料之日起七个工作日内完成初步审查，并将审查意见和《〈海峡两岸共同打击犯罪及司法互助协议〉调查取证请求书》附录部分及相关材料，一式二份，立即转送最高人民法院。

第十八条　最高人民法院收到高级人民法院转送的《〈海峡两岸共同打击犯罪及司法互助协议〉调查取证请求书》附录部分和相关材料以及高级人民法院审查意见后，应当在七个工作日内完成最终审查。经审查认为可以请求台湾地区协助调查取证的，最高人民法院联络人应当填写《〈海峡两岸共同打击犯罪及司法互助协议〉调查取证请求书》正文部分，连同附录部分和相关材料，立即寄送台湾地区联络人；经审查认为欠缺相关材料、内容或者认为不需要请求台湾地区协助调查取证的，应当立即通过高级人民法院告知提出请求的人民法院补充相关材料、内容或者在说明理由后将材料退回。

第十九条　台湾地区成功调查取证并将取得的证据材料寄送最高人民法院联络人，或者未能成功调查取证并将相关材料送还，同时出具理由说明给最高人民法院联络人的，最高人民法院应当在收到之日起七个工作日内完成审查并转送高级人民法院，高级人民法院应当在收到之日起七个工作日内转送提出请求的人民法院。经审查认为欠缺相关材料或者内容的，最高人民法院联络人应当立即与台湾地区联络人联络并请求补充相关材料或者内容。

第二十条　台湾地区请求人民法院协助台湾地区法院调查取证并通过其联络人将请求书和相关材料寄送最高人民法院联络人的，最高人民法院应当在收到之日起七个工作日内完成审查。经审查认为可以协助调查取证的，应当立即转送有关高级人民法院或者由本院办理，高级人民法院应当在收到之日起七个工作日内转送有关下级人民法院办理或者由本院办理；经审查认为欠缺相关材料、内容或者认为不宜协助调查取证的，最高人民法院联络人应当立即向台湾地区联络人说明情况并告知其补充相关材料、内容或者将材料送还。

具体办理调查取证司法互助案件的人民法院应当在收到高级人民法院

转送的材料之日起五个工作日内，以“协助台湾地区民事（刑事、行政诉讼）调查取证”案由立案，指定专人办理，并应当自立案之日起一个月内完成协助调查取证，最迟不得超过三个月。因故不能在期限届满前完成的，应当提前函告高级人民法院，并由高级人民法院转报最高人民法院。

第二十一条 具体办理调查取证司法互助案件的人民法院成功调查取证的，应当在完成调查取证之日起七个工作日内将取得的证据材料一式三份，连同台湾地区提供的材料，并在必要时附具情况说明，送交高级人民法院；未能成功调查取证的，应当出具说明函一式三份，连同台湾地区提供的材料，在确认不能成功调查取证之日起七个工作日内送交高级人民法院。

高级人民法院应当在收到前款所述材料之日起七个工作日内完成初步审查，并将审查意见和前述取得的证据材料或者说明函等，一式二份，连同台湾地区提供的材料，立即转送最高人民法院。

最高人民法院应当在收到之日起七个工作日内完成最终审查，由最高人民法院联络人出具《〈海峡两岸共同打击犯罪及司法互助协议〉调查取证回复书》，必要时连同相关材料，立即寄送台湾地区联络人。

证据材料不适宜复制或者难以取得备份的，可不按本条第一款和第二款的规定提供备份材料。

五、附　　则

第二十二条 人民法院对于台湾地区请求协助所提供的和执行请求所取得的相关资料应当予以保密。但依据请求目的使用的除外。

第二十三条 人民法院应当依据请求书载明的目的使用台湾地区协助提供的资料。但最高人民法院和台湾地区业务主管部门另有商定的除外。

第二十四条 对于依照协议和本规定从台湾地区获得的证据和司法文书等材料，不需要办理公证、认证等形式证明。

第二十五条 人民法院办理海峡两岸司法互助业务，应当使用统一、规范的文书样式。

第二十六条 对于执行台湾地区的请求所发生的费用，由有关人民法院负担。但下列费用应当由台湾地区业务主管部门负责支付：

（一）鉴定费用；

（二）翻译费用和誊写费用；

（三）为台湾地区提供协助的证人和鉴定人，因前往、停留、离开台湾地区所发生的费用；

（四）其他经最高人民法院和台湾地区业务主管部门商定的费用。

第二十七条 人民法院在办理海峡两岸司法互助案件中收到、取得、制作的各种文件和材料，应当以原件或者复制件形式，作为诉讼档案保存。

第二十八条 最高人民法院审理的案件需要请求台湾地区协助送达司法文书和调查取证的，参照本规定由本院自行办理。

专门人民法院办理海峡两岸送达文书和调查取证司法互助业务，参照本规定执行。

第二十九条 办理海峡两岸司法互助案件和执行本规定的情况，应当纳入对有关人民法院及相关工作人员的工作绩效考核和案件质量评查范围。

第三十条 此前发布的司法解释与本规定不一致的，以本规定为准。

关于人民法院推行立案登记制改革的意见

（2015 年 4 月 1 日中央全面深化改革领导小组第十一次会议审议通过　自 5 月 1 日起施行）

为充分保障当事人诉权，切实解决人民群众反映的“立案难”问题，改革法院案件受理制度，变立案审查制为立案登记制，依照《中华人民共和国民事诉讼法》《中华人民共和国行政诉讼法》《中华人民共和国刑事诉讼法》等有关法律，提出如下意见。

一、立案登记制改革的指导思想

（一）坚持正确政治方向。深入贯彻党的十八届四中全会精神，坚持党的群众路线，坚持司法为民公正司法，通过立案登记制改革，推动加快建设公正高效权威的社会主义司法制度。

（二）坚持以宪法和法律为依据。依法保障当事人行使诉讼权利，方便当事人诉讼，做到公开、透明、高效。

（三）坚持有案必立、有诉必理。对符合法律规定条件的案件，法院必须依法受理，任何单位和个人不得以任何借口阻挠法院受理案件。

二、登记立案范围

有下列情形之一的，应当登记立案：

（一）与本案有直接利害关系的公民、法人和其他组织提起的民事诉讼，有明确的被告、具体的诉讼请求和事实依据，属于人民法院主管和受诉人民法院管辖的；

（二）行政行为的相对人以及其他与行政行为有利害关系的公民、法人或者其他组织提起的行政诉讼，有明确的被告、具体的诉讼请求和事实根据，属于人民法院受案范围和受诉人民法院管辖的；

（三）属于告诉才处理的案件，被害人有证据证明的轻微刑事案件，以及被害人有证据证明应当追究被告人刑事责任而公安机关、人民检察院不予追究的案件，被害人告诉，且有明确的被告人、具体的诉讼请求和证明被告人犯罪事实的证据，属于受诉人民法院管辖的；

（四）生效法律文书有给付内容且执行标的和被执行人明确，权利人或其继承人、权利承受人在法定期限内提出申请，属于受申请人民法院管辖的；

（五）赔偿请求人向作为赔偿义务机关的人民法院提出申请，对人民法院、人民检察院、公安机关等作出的赔偿、复议决定或者对逾期不作为不服，提出赔偿申请的。

有下列情形之一的，不予登记立案：

（一）违法起诉或者不符合法定起诉条件的；

（二）诉讼已经终结的；

（三）涉及危害国家主权和领土完整、危害国家安全、破坏国家统一和民族团结、破坏国家宗教政策的；

（四）其他不属于人民法院主管的所诉事项。

三、登记立案程序

（一）实行当场登记立案。对符合法律规定的起诉、自诉和申请，一律接收诉状，当场登记立案。对当场不能判定是否符合法律规定的，应当在法律规定的期限内决定是否立案。

（二）实行一次性全面告知和补正。起诉、自诉和申请材料不符合形式要件的，应当及时释明，以书面形式一次性全面告知应当补正的材料和期限。在指定期限内经补正符合法律规定条件的，人民法院应当登记立案。

（三）不符合法律规定的起诉、自诉和申请的处理。对不符合法律规定的起诉、自诉和申请，应当依法裁决不予受理或者不予立案，并载明理由。当事人不服的，可以提起上诉或者申请复议。禁止不收材料、不予答复、不出具法律文书。

（四）严格执行立案标准。禁止在法律规定之外设定受理条件，全面清理和废止不符合法律规定的立案“土政策”。

四、健全配套机制

（一）健全多元化纠纷解决机制。进一步完善调解、仲裁、行政裁决、行政复议、诉讼等有机衔接、相互协调的多元化纠纷解决机制，加强诉前调解与诉讼调解的有效衔接，为人民群众提供更多纠纷解决方式。

（二）建立完善庭前准备程序。完善繁简分流、先行调解工作机制。探索建立庭前准备程序，召集庭前会议，明确诉辩意见，归纳争议焦点，固定相关证据，促进纠纷通过调解、和解、速裁和判决等方式高效解决。

（三）强化立案服务措施。加强人民法院诉讼服务中心和信息化建设，实现公开、便捷立案。推行网上立案、预约立案、巡回立案，为当事人行使诉权提供便利。加大法律援助、司法救助力度，让经济确有困难的当事人打得起官司。

五、制裁违法滥诉

（一）依法惩治虚假诉讼。当事人之间恶意串通，或者冒充他人提起诉讼，企图通过诉讼、调解等方式侵害他人合法权益的，人民法院应当驳回其请求，并予以罚款、拘留；构成犯罪的，依法追究刑事责任。

（二）依法制裁违法行为。对哄闹、滞留、冲击法庭等不听从司法工作人员劝阻的，以暴力、威胁或者其他方法阻碍司法工作人员执行职务的，或者编造事实、侮辱诽谤审判人员，严重扰乱登记立案工作的，予以罚款、拘留；构成犯罪的，依法追究刑事责任。

（三）依法维护立案秩序。对违法围攻、静坐、缠访闹访、冲击法院等，干扰人民法院依法立案的，由公安机关依照治安管理处罚法，予以警告、罚款、行政拘留等处罚；构成犯罪的，依法追究刑事责任。

（四）健全相关法律制度。加强诉讼诚信建设，规范行使诉权行为。推动完善相关立法，对虚假诉讼、恶意诉讼、无理缠诉等滥用诉权行为，明确行政处罚、司法处罚、刑事处罚标准，加大惩治力度。

六、切实加强立案监督

（一）加强内部监督。人民法院应当公开立案程序，规范立案行为，加强对立案流程的监督。上级人民法院应充分发挥审级监督职能，对下级法院有案不立的，责令其及时纠正。必要时，可提级管辖或者指定其他下级法院立案审理。

（二）加强外部监督。人民法院要自觉接受监督，对各级人民代表大会及其常务委员会督查法院登记立案工作反馈的问题和意见，要及时提出整改和落实措施；对检察机关针对不予受理、不予立案、驳回起诉的裁定依法提出的抗诉，要依法审理，对检察机关提出的检察建议要及时处理，并书面回复；自觉接受新闻媒体和人民群众的监督，对反映和投诉的问题，要及时回应，确实存在问题的，要依法纠正。

（三）强化责任追究。人民法院监察部门对立案工作应加大执纪监督力度。发现有案不立、拖延立案、人为控制立案、“年底不立案”、干扰依法立案等违法行为，对有关责任人员和主管领导，依法依纪严肃追究责任。造成严重后果或者恶劣社会影响，构成犯罪的，依法追究刑事责任。

各级人民法院要认真贯彻本意见精神，切实加强领导，明确责任，周密部署，精心组织，确保立案登记制改革顺利进行。

最高人民法院关于认可和执行台湾地区法院民事判决的规定

（2015年6月29日　法释〔2015〕13号）

为保障海峡两岸当事人的合法权益，更好地适应海峡两岸关系和平发展的新形势，根据民事诉讼法等有关法律，总结人民法院涉台审判工作经验，就认可和执行台湾地区法院民事判决，制定本规定。

第一条　台湾地区法院民事判决的当事人可以根据本规定，作为申请人向人民法院申请认可和执行台湾地区有关法院民事判决。

第二条　本规定所称台湾地区法院民事判决，包括台湾地区法院作出的生效民事判决、裁定、和解笔录、调解笔录、支付命令等。

申请认可台湾地区法院在刑事案件中作出的有关民事损害赔偿的生效判决、裁定、和解笔录的，适用本规定。

申请认可由台湾地区乡镇市调解委员会等出具并经台湾地区法院核定，与台湾地区法院生效民事判决具有同等效力的调解文书的，参照适用本规定。

第三条　申请人同时提出认可和执行台湾地区法院民事判决申请的，人民法院先按照认可程序进行审查，裁定认可后，由人民法院执行机构执行。

申请人直接申请执行的，人民法院应当告知其一并提交认可申请；坚持不申请认可的，裁定驳回其申请。

第四条　申请认可台湾地区法院民事判决的案件，由申请人住所地、经常居住地或者被申请人住所地、经常居住地、财产所在地中级人民法院或者专门人民法院受理。

申请人向两个以上有管辖权的人民法院申请认可的，由最先立案的人民法院管辖。

申请人向被申请人财产所在地人民法院申请认可的，应当提供财产存在的相关证据。

第五条 对申请认可台湾地区法院民事判决的案件，人民法院应当组成合议庭进行审查。

第六条 申请人委托他人代理申请认可台湾地区法院民事判决的，应当向人民法院提交由委托人签名或者盖章的授权委托书。

台湾地区、香港特别行政区、澳门特别行政区或者外国当事人签名或者盖章的授权委托书应当履行相关的公证、认证或者其他证明手续，但授权委托书在人民法院法官的见证下签署或者经中国大陆公证机关公证证明是在中国大陆签署的除外。

第七条 申请人申请认可台湾地区法院民事判决，应当提交申请书，并附有台湾地区有关法院民事判决文书和民事判决确定证明书的正本或者经证明无误的副本。台湾地区法院民事判决为缺席判决的，申请人应当同时提交台湾地区法院已经合法传唤当事人的证明文件，但判决已经对此予以明确说明的除外。

申请书应当记明以下事项：

（一）申请人和被申请人姓名、性别、年龄、职业、身份证件号码、住址（申请人或者被申请人为法人或者其他组织的，应当记明法人或者其他组织的名称、地址、法定代表人或者主要负责人姓名、职务）和通讯方式；

（二）请求和理由；

（三）申请认可的判决的执行情况；

（四）其他需要说明的情况。

第八条 对于符合本规定第四条和第七条规定条件的申请，人民法院应当在收到申请后七日内立案，并通知申请人和被申请人，同时将申请书送达被申请人；不符合本规定第四条和第七条规定条件的，应当在七日内裁定不予受理，同时说明不予受理的理由；申请人对裁定不服的，可以提起上诉。

第九条 申请人申请认可台湾地区法院民事判决，应当提供相关证明文件，以证明该判决真实并且已经生效。

申请人可以申请人民法院通过海峡两岸调查取证司法互助途径查明台湾地区法院民事判决的真实性和是否生效以及当事人得到合法传唤的证明文件；人民法院认为必要时，也可以就有关事项依职权通过海峡两岸司法互助途径向台湾地区请求调查取证。

第十条 人民法院受理认可台湾地区法院民事判决的申请之前或者之后，可以按照民事诉讼法及相关司法解释的规定，根据申请人的申请，裁定采取保全措施。

第十一条 人民法院受理认可台湾地区法院民事判决的申请后，当事人就同一争议起诉的，不予受理。

一方当事人向人民法院起诉后，另一方当事人向人民法院申请认可的，对于认可的申请不予受理。

第十二条 案件虽经台湾地区有关法院判决，但当事人未申请认可，而是就同一争议向人民法院起诉的，应予受理。

第十三条 人民法院受理认可台湾地区法院民事判决的申请后，作出裁定前，申请人请求撤回申请的，可以裁定准许。

第十四条 人民法院受理认可台湾地区法院民事判决的申请后，应当在立案之日起六个月内审结。有特殊情况需要延长的，报请上一级人民法院批准。

通过海峡两岸司法互助途径送达文书和调查取证的期间，不计入审查期限。

第十五条 台湾地区法院民事判决具有下列情形之一的，裁定不予认可：

（一）申请认可的民事判决，是在被申请人缺席又未经合法传唤或者在被申请人无诉讼行为能力又未得到适当代理的情况下作出的；

（二）案件系人民法院专属管辖的；

（三）案件双方当事人订有有效仲裁协议，且无放弃仲裁管辖情形的；

（四）案件系人民法院已作出判决或者中国大陆的仲裁庭已作出仲裁裁决的；

（五）香港特别行政区、澳门特别行政区或者外国的法院已就同一争议作出判决且已为人民法院所认可或者承认的；

（六）台湾地区、香港特别行政区、澳门特别行政区或者外国的仲裁庭已就同一争议作出仲裁裁决且已为人民法院所认可或者承认的。

认可该民事判决将违反一个中国原则等国家法律的基本原则或者损害社会公共利益的，人民法院应当裁定不予认可。

第十六条 人民法院经审查能够确认台湾地区法院民事判决真实并且已经生效，而且不具有本规定第十五条所列情形的，裁定认可其效力；不能确认该民事判决的真实性或者已经生效的，裁定驳回申请人的申请。

裁定驳回申请的案件，申请人再次申请并符合受理条件的，人民法院应予受理。

第十七条 经人民法院裁定认可的台湾地区法院民事判决，与人民法院作出的生效判决具有同等效力。

第十八条 人民法院依据本规定第十五条和第十六条作出的裁定，一经送达即发生法律效力。

当事人对上述裁定不服的，可以自裁定送达之日起十日内向上一级人民法院申请复议。

第十九条 对人民法院裁定不予认可的台湾地区法院民事判决，申请人再次提出申请的，人民法院不予受理，但申请人可以就同一争议向人民法院起诉。

第二十条 申请人申请认可和执行台湾地区法院民事判决的期间，适用民事诉讼法第二百三十九条的规定，但申请认可台湾地区法院有关身份关系的判决除外。

申请人仅申请认可而未同时申请执行的，申请执行的期间自人民法院对认可申请作出的裁定生效之日起重新计算。

第二十一条 人民法院在办理申请认可和执行台湾地区法院民事判决案件中作出的法律文书，应当依法送达案件当事人。

第二十二条 申请认可和执行台湾地区法院民事判决，应当参照《诉讼费用交纳办法》的规定，交纳相关费用。

第二十三条 本规定自2015年7月1日起施行。《最高人民法院关于人民法院认可台湾地区有关法院民事判决的规定》（法释〔1998〕11号）、《最高人民法院关于当事人持台湾地区有关法院民事调解书或者有关机构出具或确认的调解协议书向人民法院申请认可人民法院应否受理的批复》（法释〔1999〕10号）、《最高人民法院关于当事人持台湾地区有关法院支付命令向人民法院申请认可人民法院应否受理的批复》（法释〔2001〕13号）和《最高人民法院关于人民法院认可台湾地区有关法院民事判决的补充规定》（法释〔2009〕4号）同时废止。

最高人民法院关于认可和执行台湾地区仲裁裁决的规定

（2015 年 6 月 29 日　法释〔2015〕14 号）

为保障海峡两岸当事人的合法权益，更好地适应海峡两岸关系和平发展的新形势，根据民事诉讼法、仲裁法等有关法律，总结人民法院涉台审判工作经验，就认可和执行台湾地区仲裁裁决，制定本规定。

第一条　台湾地区仲裁裁决的当事人可以根据本规定，作为申请人向人民法院申请认可和执行台湾地区仲裁裁决。

第二条　本规定所称台湾地区仲裁裁决是指，有关常设仲裁机构及临时仲裁庭在台湾地区按照台湾地区仲裁规定就有关民商事争议作出的仲裁裁决，包括仲裁判断、仲裁和解和仲裁调解。

第三条　申请人同时提出认可和执行台湾地区仲裁裁决申请的，人民法院先按照认可程序进行审查，裁定认可后，由人民法院执行机构执行。

申请人直接申请执行的，人民法院应当告知其一并提交认可申请；坚持不申请认可的，裁定驳回其申请。

第四条　申请认可台湾地区仲裁裁决的案件，由申请人住所地、经常居住地或者被申请人住所地、经常居住地、财产所在地中级人民法院或者专门人民法院受理。

申请人向两个以上有管辖权的人民法院申请认可的，由最先立案的人民法院管辖。

申请人向被申请人财产所在地人民法院申请认可的，应当提供财产存在的相关证据。

第五条 对申请认可台湾地区仲裁裁决的案件，人民法院应当组成合议庭进行审查。

第六条 申请人委托他人代理申请认可台湾地区仲裁裁决的，应当向人民法院提交由委托人签名或者盖章的授权委托书。

台湾地区、香港特别行政区、澳门特别行政区或者外国当事人签名或者盖章的授权委托书应当履行相关的公证、认证或者其他证明手续，但授权委托书在人民法院法官的见证下签署或者经中国大陆公证机关公证证明是在中国大陆签署的除外。

第七条 申请人申请认可台湾地区仲裁裁决，应当提交以下文件或者经证明无误的副本：

（一）申请书；

（二）仲裁协议；

（三）仲裁判断书、仲裁和解书或者仲裁调解书。

申请书应当记明以下事项：

（一）申请人和被申请人姓名、性别、年龄、职业、身份证件号码、住址（申请人或者被申请人为法人或者其他组织的，应当记明法人或者其他组织的名称、地址、法定代表人或者主要负责人姓名、职务）和通讯方式；

（二）申请认可的仲裁判断书、仲裁和解书或者仲裁调解书的案号或者识别资料和生效日期；

（三）请求和理由；

（四）被申请人财产所在地、财产状况及申请认可的仲裁裁决的执行情况；

（五）其他需要说明的情况。

第八条 对于符合本规定第四条和第七条规定条件的申请，人民法院应当在收到申请后七日内立案，并通知申请人和被申请人，同时将申请书送达被申请人；不符合本规定第四条和第七条规定条件的，应当在七日内裁定不予受理，同时说明不予受理的理由；申请人对裁定不服的，可以提起上诉。

第九条 申请人申请认可台湾地区仲裁裁决，应当提供相关证明文件，以证明该仲裁裁决的真实性。

申请人可以申请人民法院通过海峡两岸调查取证司法互助途径查明台湾地区仲裁裁决的真实性；人民法院认为必要时，也可以就有关事项依职权通过海峡两岸司法互助途径向台湾地区请求调查取证。

第十条 人民法院受理认可台湾地区仲裁裁决的申请之前或者之后，可以按照民事诉讼法及相关司法解释的规定，根据申请人的申请，裁定采取保全措施。

第十一条 人民法院受理认可台湾地区仲裁裁决的申请后，当事人就同一争议起诉的，不予受理。

当事人未申请认可，而是就同一争议向人民法院起诉的，亦不予受理，但仲裁协议无效的除外。

第十二条 人民法院受理认可台湾地区仲裁裁决的申请后，作出裁定前，申请人请求撤回申请的，可以裁定准许。

第十三条 人民法院应当尽快审查认可台湾地区仲裁裁决的申请，决定予以认可的，应当在立案之日起两个月内作出裁定；决定不予认可或者驳回申请的，应当在作出决定前按有关规定自立案之日起两个月内上报最高人民法院。

通过海峡两岸司法互助途径送达文书和调查取证的期间，不计入审查期限。

第十四条 对申请认可和执行的仲裁裁决，被申请人提出证据证明有下列情形之一的，经审查核实，人民法院裁定不予认可：

（一）仲裁协议一方当事人依对其适用的法律在订立仲裁协议时属于无行为能力的；或者依当事人约定的准据法，或当事人没有约定适用的准据法而依台湾地区仲裁规定，该仲裁协议无效的；或者当事人之间没有达成书面仲裁协议的，但申请认可台湾地区仲裁调解的除外；

（二）被申请人未接到选任仲裁员或进行仲裁程序的适当通知，或者由于其他不可归责于被申请人的原因而未能陈述意见的；

（三）裁决所处理的争议不是提交仲裁的争议，或者不在仲裁协议范围之内；或者裁决载有超出当事人提交仲裁范围的事项的决定，但裁决中超出提交仲裁范围的事项的决定与提交仲裁事项的决定可以分开的，裁决中关于提交仲裁事项的决定部分可以予以认可；

（四）仲裁庭的组成或者仲裁程序违反当事人的约定，或者在当事人没有约定时与台湾地区仲裁规定不符的；

（五）裁决对当事人尚无约束力，或者业经台湾地区法院撤销或者驳回执行申请的。

依据国家法律，该争议事项不能以仲裁解决的，或者认可该仲裁裁决将违反一个中国原则等国家法律的基本原则或损害社会公共利益的，人民法院应当裁定不予认可。

第十五条 人民法院经审查能够确认台湾地区仲裁裁决真实，而且不具有本规定第十四条所列情形的，裁定认可其效力；不能确认该仲裁裁决真实性的，裁定驳回申请。

裁定驳回申请的案件，申请人再次申请并符合受理条件的，人民法院应予受理。

第十六条 人民法院依据本规定第十四条和第十五条作出的裁定，一经送达即发生法律效力。

第十七条 一方当事人向人民法院申请认可或者执行台湾地区仲裁裁决，另一方当事人向台湾地区法院起诉撤销该仲裁裁决，被申请人申请中止认可或者执行并且提供充分担保的，人民法院应当中止认可或者执行程序。

申请中止认可或者执行的，应当向人民法院提供台湾地区法院已经受理撤销仲裁裁决案件的法律文书。

台湾地区法院撤销该仲裁裁决的，人民法院应当裁定不予认可或者裁定终结执行；台湾地区法院驳回撤销仲裁裁决请求的，人民法院应当恢复认可或者执行程序。

第十八条 对人民法院裁定不予认可的台湾地区仲裁裁决，申请人再次提出申请的，人民法院不予受理。但当事人可以根据双方重新达成的仲裁协议申请仲裁，也可以就同一争议向人民法院起诉。

第十九条 申请人申请认可和执行台湾地区仲裁裁决的期间，适用民事诉讼法第二百三十九条的规定。

申请人仅申请认可而未同时申请执行的，申请执行的期间自人民法院对认可申请作出的裁定生效之日起重新计算。

第二十条 人民法院在办理申请认可和执行台湾地区仲裁裁决案件中所作出的法律文书，应当依法送达案件当事人。

第二十一条 申请认可和执行台湾地区仲裁裁决，应当参照《诉讼费用交纳办法》的规定，交纳相关费用。

第二十二条 本规定自2015年7月1日起施行。

本规定施行前，根据《最高人民法院关于人民法院认可台湾地区有关法院民事判决的规定》（法释〔1998〕11号），人民法院已经受理但尚未审结的申请认可和执行台湾地区仲裁裁决的案件，适用本规定。

附　　录

海峡两岸共同打击犯罪及司法互助协议（全文）

（2009 年 4 月 26 日）

海峡两岸关系协会会长陈云林26日与台湾海峡交流基金会董事长江丙坤在南京签署《海峡两岸共同打击犯罪及司法互助协议》，全文如下：

为保障海峡两岸人民权益，维护两岸交流秩序，海峡两岸关系协会与财团法人海峡交流基金会就两岸共同打击犯罪及司法互助与联系事宜，经平等协商，达成协议如下：

第一章　总　　则

一、合作事项

双方同意在民事、刑事领域相互提供以下协助：

（一）共同打击犯罪；

（二）送达文书；

（三）调查取证；

（四）认可及执行民事裁判与仲裁裁决（仲裁判断）；

（五）移管（接返）被判刑人（受刑事裁判确定人）；

（六）双方同意之其他合作事项。

二、业务交流

双方同意业务主管部门人员进行定期工作会晤、人员互访与业务培训合作，交流双方制度规范、裁判文书及其他相关资讯。

三、联系主体

本协议议定事项，由各方主管部门指定之联络人联系实施。必要时，经双方同意得指定其他单位进行联系。

本协议其他相关事宜，由海峡两岸关系协会与财团法人海峡交流基金会联系。

第二章 共同打击犯罪

四、合作范围

双方同意采取措施共同打击双方均认为涉嫌犯罪的行为。

双方同意着重打击下列犯罪：

（一）涉及杀人、抢劫、绑架、走私、枪械、毒品、人口贩运、组织偷渡及跨境有组织犯罪等重大犯罪；

（二）侵占、背信、诈骗、洗钱、伪造或变造货币及有价证券等经济犯罪；

（三）贪污、贿赂、渎职等犯罪；

（四）劫持航空器、船舶及涉恐怖活动等犯罪；

（五）其他刑事犯罪。

一方认为涉嫌犯罪，另一方认为未涉嫌犯罪但有重大社会危害，得经双方同意个案协助。

五、协助侦查

双方同意交换涉及犯罪有关情资，协助缉捕、遣返刑事犯与刑事嫌疑犯，并于必要时合作协查、侦办。

六、人员遣返

双方同意依循人道、安全、迅速、便利原则，在原有基础上，增加海运或空运直航方式，遣返刑事犯、刑事嫌疑犯，并于交接时移交有关证据（卷证）、签署交接书。

受请求方已对遣返对象进行司法程序者，得于程序终结后遣返。

受请求方认为有重大关切利益等特殊情形者，得视情决定遣返。

非经受请求方同意，请求方不得对遣返对象追诉遣返请求以外的行为。

第三章　司法互助

七、送达文书

双方同意依己方规定，尽最大努力，相互协助送达司法文书。

受请求方应于收到请求书之日起三个月内及时协助送达。

受请求方应将执行请求之结果通知请求方，并及时寄回证明送达与否的证明资料；无法完成请求事项者，应说明理由并送还相关资料。

八、调查取证

双方同意依己方规定相互协助调查取证，包括取得证言及陈述；提供书证、物证及视听资料；确定关系人所在或确认其身分；勘验、鉴定、检查、访视、调查；搜索及扣押等。

受请求方在不违反己方规定前提下，应尽量依请求方要求之形式提供协助。

受请求方协助取得相关证据资料，应及时移交请求方。但受请求方已进行侦查、起诉或审判程序者，不在此限。

九、罪赃移交

双方同意在不违反己方规定范围内，就犯罪所得移交或变价移交事宜给予协助。

十、裁判认可

双方同意基于互惠原则，于不违反公共秩序或善良风俗之情况下，相互认可及执行民事确定裁判与仲裁裁决（仲裁判断）。

十一、罪犯移管（接返）

双方同意基于人道、互惠原则，在请求方、受请求方及被判刑人（受刑事裁判确定人）均同意移交之情形下，移管（接返）被判刑人（受刑事裁判确定人）。

十二、人道探视

双方同意及时通报对方人员被限制人身自由、非病死或可疑为非病死等重要讯息，并依己方规定为家属探视提供便利。

第四章 请求程序

十三、提出请求

双方同意以书面形式提出协助请求。但紧急情况下，经受请求方同意，得以其他形式提出，并于十日内以书面确认。

请求书应包含以下内容：请求部门、请求目的、事项说明、案情摘要及执行请求所需其他资料等。

如因请求书内容欠缺致无法执行请求，可要求请求方补充资料。

十四、执行请求

双方同意依本协议及己方规定，协助执行对方请求，并及时通报执行情况。

若执行请求将妨碍正在进行之侦查、起诉或审判程序，可暂缓提供协助，并及时向对方说明理由。

如无法完成请求事项，应向对方说明并送还相关资料。

十五、不予协助

双方同意因请求内容不符合己方规定或执行请求将损害己方公共秩序或善良风俗等情形，得不予协助，并向对方说明。

十六、保密义务

双方同意对请求协助与执行请求的相关资料予以保密。但依请求目的使用者，不在此限。

十七、限制用途

双方同意仅依请求书所载目的事项，使用对方协助提供之资料。但双方另有约定者，不在此限。

十八、互免证明

双方同意依本协议请求及协助提供之证据资料、司法文书及其他资料，不要求任何形式之证明。

十九、文书格式

双方同意就提出请求、答复请求、结果通报等文书，使用双方商定之文书格式。

二十、协助费用

双方同意相互免除执行请求所生费用。但请求方应负担下列费用：

（一）鉴定费用；

（二）笔译、口译及誊写费用；

（三）为请求方提供协助之证人、鉴定人，因前往、停留、离开请求方所生之费用；

（四）其他双方约定之费用。

第五章　附　　则

二十一、协议履行与变更

双方应遵守协议。

协议变更，应经双方协商同意，并以书面形式确认。

二十二、争议解决

因适用本协议所生争议，双方应尽速协商解决。

二十三、未尽事宜

本协议如有未尽事宜，双方得以适当方式另行商定。

二十四、签署生效

本协议自签署之日起各自完成相关准备后生效，最迟不超过六十日。

本协议于四月二十六日签署，一式四份，双方各执两份。

海峡两岸关系协会　财团法人海峡交流基金会

会长 陈云林　　　　董事长 江丙坤

2016年中华人民共和国普通高等学校联合招收华侨、港澳地区及台湾省学生简章*

（2015年11月）

1. 报名资格

具有高中毕业文化程度（相当于中学六年级）并符合下列报名条件之一的，方可报名：

①港澳地区考生，持香港或澳门永久性居民身份证和《港澳居民来往内地通行证》。

②港澳地区考生，持香港或澳门非永久性居民身份证和《港澳居民来往内地通行证》。

③台湾地区考生，持《台湾居民来往大陆通行证》。

④华侨考生必须是取得外国长期或永久居留权，且最近四年（截至报名时间结束止）之内有在国外实际居住2年以上的记录（一年中实际在国外居住满9个月可按一年计算。出国留学和因公出国工作不能视为定居）。报名时考生本人须持中华人民共和国驻外使（领）馆出具的取得在外国长期或永久居留权的公证书或认证书（中文或英文）以及中华人民共和国护照参加报名。华侨考生须在上海、福建或广州报考点报名考试，北京和港澳地区报考点不受理华侨考生报考。

考生所持证件必须在有效期限之内。

2. 报名时间

3月1日至3月31日，其中3月1日至3月15日为网上预报名时间，

* 注：本规定为年度性文件，使用时请以最新发布的规定为准。

3 月 16 日至 3 月 31 日为现场正式确认时间（具体工作时间安排以各报名点公告为准）。

3. 报名地点

北京：

北京市高校招生办公室：北京市海淀区志新东路 9 号，邮政编码：100083，电话：（010）82837212。

上海：

上海市高校招生办公室：上海市钦州南路 500 号，邮政编码：200235，电话：（021）64946010，（021）64511200。

福建：

①福建省教育考试院：福州市北环中路 59 号，邮政编码：350003，电话：（0591）86215678，传真：（0591）87841550；

②福建省厦门市招生考试委员会办公室：厦门市火炬二路 269 号，邮政编码：361006，电话：（0592）5703107，传真（0592）5703106。

广州：

暨南大学华文学院：广州市天河区广园东瘦狗岭路 377 号，邮政编码：510610，电话：（020）87205925，传真：（020）87206598。

香港：

①香港考试及评核局新蒲岗办事处：香港九龙新蒲岗爵禄街 17 号，电话：36288787 / 36288711

②中国旅行社下列各区分社

湾仔分社：香港轩尼诗道 138 号修顿中心地下 1 号（电话：28323888）

北角分社：香港渣华道 196—202 号嘉富大厦地下（电话：25650370）

旺角分社：九龙旺角洗衣街 62—72 号得宝大厦 2 楼（电话：29987888）

尖沙咀分社：九龙尖沙咀弥敦道 27—33 号良士大厦 1 字楼（电话：23157171）

将军澳分社：九龙将军澳东港城商场二楼 209 号铺（电话：26286118）

观塘分社：九龙观塘牛头角道 300—302 号裕民中心商场地下（电话：

23438243）

荃湾分社：新界荃湾青山公路（荃湾段）189号地下（电话：24991433）

元朗分社：新界元朗教育路31—41号（电话：24755367）

沙田分社：新界沙田连城广场七楼717—718号铺（电话：26927773）

大埔分社：新界大埔宝湖道3号宝湖花园商场223号铺（电话：26572883）

屯门分社：新界屯门青山公路（新墟段）11—17号嘉华大厦1/FA铺（电话：26188188）

③京港学术交流中心：香港北角英皇道83号联合出版大厦1404—05室，电话：28936355

④中国教育留学交流：（香港）中心有限公司（香港上环苏杭街69号大厦25楼01至03室），电话：（852）25424811

澳门：

澳门特别行政区政府高等教育辅助办公室：澳门荷兰园大马路68－B号华昌大厦地下B座，电话：（853）28563033

各报名地点备有《中华人民共和国普通高等学校联合招收华侨、港澳地区、台湾省学生入学考试理科考试大纲》和《中华人民共和国普通高等学校联合招收华侨、港澳地区、台湾省学生入学考试文科考试大纲》，考生可径往索购。

4．报名方式

2016年联合招生报名采用网上预报名和现场正式确认相结合的方式。考生登录中华人民共和国普通高等学校联合招收华侨、港澳地区及台湾省学生办公室（下称联招办）网站（网址：http：//www.ecogd.edu.cn）进行预报名。预报名时，考生需按要求输入报考基本信息（含姓名、性别、出生年月、报考地点、报考科类、报考学校等）。预报名后，考生需记住自己的密码，并按规定时间到有关报名地点办理正式报名确认手续。如因特殊情况未能亲自前往到报名点现场确认的考生，经报名点同意后，可以委托亲属代为正式报名，代报者凭考生身份证件、本人身份证件、考生亲笔签署的委托书、考生电子相片文件以及其它报名数据到报名点现场办理相关手续，而且每个代报者只能代一名考生办理确认手续。办理正式报名确认手续时，须缴考生本人高中毕业证书副本（应届高中毕业生可由就读学校开具学历证明）、高中各学年学习成绩单正本（应届高中毕业生可在报到时补缴高中毕业证书及最后一学期的成绩单）、身份证件副本（以上数据同时带备正本用以核对，其中学历证明和成绩单要收取正本，一经报名，所有收取的报名数据一律不再退还），并缴付报名考试费人民币550元（在香港、澳门各报名地点报名缴付港币/澳门币550元）。持外国毕业证书（学历证明）和成绩单的考生，须将证书（证明）和成绩单翻译成中文并作公证。

报名后因未能通过公安部门身份验证而不准考试者或未参加考试者，恕不退还报名考试费。

5. 填报志愿

考生在报名时同时填报志愿。

①联合招生录取工作分第一批本科、第二批本科、第一批预科和第二批预科进行。考生按录取批次填报学校志愿，其中每个本科批次填报2所学校志愿，每个预科批次填报1所学校志愿，每所学校填报4个系科或专业志愿。

②报考全国联招学校的考生，亦可填报暨南大学和华侨大学各系科或专业志愿。

③报考艺术、体育院校的考生，需参加专业考试，专业考试时间及地点由有关院校确定，考生本人应及早直接与要报考的院校联系。

④考生须认真阅读招生学校（专业）对考生身体条件的要求。考生可在《2016年中华人民共和国普通高等学校联合招收华侨、港澳地区及台湾省学生专业目录》中查知相关内容。

二、考试

1. 考试科目类别

文史类各专业的考试科目：中文、数学、英语、历史、地理

理工农医类各专业的考试科目：中文、数学、英语、物理、化学

各科满分均为150分，各科目类别满分为750分。

考试内容和要求参见教育部制定的《中华人民共和国普通高等学校联合招收华侨、港澳地区、台湾省学生入学考试理科考试大纲》和《中华人民共和国普通高等学校联合招收华侨、港澳地区、台湾省学生入学考试文科考试大纲》（2005年版）。

2. 考试时间

5月21日至22日进行考试。考试时间和科目为：

日期	时间	科目
5月21日	9：00—11：30	中文
	13：30—15：30	英语
5月22日	9：00—11：00	数学
	13：00—15：00	物理、历史
	16：00—18：00	化学、地理

3. 考试地点

北京　由北京市高校招生办公室安排；

上海　由上海市高校招生办公室安排；

福州　由福建省教育考试院安排；

广州　由联招办安排；

香港　由香港考试及评核局安排；

澳门　由澳门高等教育辅助办公室安排。

4. 答题方式

2016年联合招生考试实行计算机网上辅助评卷，考生在考试时必须按规定在专用的答题卡上作答，各科的选择题和非选择题都在答题卡各题目指定的区域内作答。考生在考试时必须严格按规定作答，考生在指定区域外作答不给分。

三、录取

7月初开始录取工作，由联招办组织，实行网上录取。录取批次按照

第一批本科、第二批本科、第一批预科和第二批预科的顺序进行，招生学校在最低录取控制线之上根据考生志愿、考试成绩及各校的不同要求，择优录取新生。

被录取就读预科的学生经过一年学习并经学校考试合格后方可进入本科阶段学习。

四、入学与身体检查

新生持加盖学校公章的《新生入学通知书》报到，入学报到时间及相关要求以《新生入学通知书》上的规定为准。

新生入学后，由学校进行身体检查，不符合要求的，取消入学资格；仅专业受限者，可以商转其它专业。学生在校期间，学校按教育部发布的《关于普通高等学校招收和培养香港特别行政区、澳门地区及台湾省学生的暂行规定》进行管理，并可申请免修政治理论课。

五、其它

被普通高等学校录取的华侨、港澳地区及台湾省学生入学注册时，应缴纳学费和杂费，收费标准与内地（祖国大陆）学生相同。

学生修业期满，考试成绩合格者，由学校颁发毕业证书。

毕业生符合《中华人民共和国学位条例》规定的，将授予其学士学位。

新生入学报到时，所持出入境证件的有效期应与学习期限相适应至少有效期一年。

考生可在联招办网站（网址：http：//www. ecogd. edu. cn）上查询成绩、录取情况，还可在“内地（祖国大陆）高校面向港澳台地区招生信息网”（网址：http：//www. gatzs. com. cn）上查询有关招生政策和招生办法及高校信息，该网站同时向考生提供招生信息咨询服务。

中华人民共和国普通高等学校联合招收华侨、港澳地区及台湾省学生办公室

二〇一五年十一月

2016年普通高等学校招生工作规定（节录）*

（2016年2月26日）

45. 有下列情形之一的考生，由省级招委会决定，可在高校投档分数线下适当降低分数要求投档，由高校审查决定是否录取。同一考生如符合多项降低分数要求投档条件的，只能取其中降低分数要求幅度最大的一项分值，且不得超过20分。

（1）边疆、山区、牧区、少数民族聚居地区少数民族考生；

（2）归侨、华侨子女、归侨子女和台湾省籍考生；

（3）烈士子女。

* 注：本规定为年度性文件，使用时请以最新发布的规定为准。